中国革命与共产国际

主　　编　闫　玉

副 主 编　孔德生　王雪军

本册作者　孔德生

中华工商联合出版社

图书在版编目（CIP）数据

中国革命与共产国际 / 孔德生著. --北京：
中华工商联合出版社，2014.3
ISBN 978-7-5158-0857-4

Ⅰ．①中… Ⅱ．①孔… Ⅲ．①革命史－研究
－中国－近现代②共产国际－研究 Ⅳ．①K250.1②D16

中国版本图书馆 CIP 数据核字（2014）第 036029 号

中国革命与共产国际

作　　者：	孔德生
出 品 人：	徐　潜
策划编辑：	魏鸿鸣
责任编辑：	林　立
封面设计：	徐　超
责任审读：	郭敬梅
责任印制：	迈致红
出版发行：	中华工商联合出版社有限责任公司
印　　刷：	固安县云鼎印刷有限公司
版　　次：	2014 年 4 月第 1 版
印　　次：	2021 年 10 月第 2 次印刷
开　　本：	155mm×220mm　1/16
字　　数：	58 千字
印　　张：	9
书　　号：	ISBN 978-7-5158-0857-4
定　　价：	38.00 元

服务热线：010－58301130
销售热线：010－58302813
地址邮编：北京市西城区西环广场 A 座
　　　　　19－20 层，100044
http://www.chgslcbs.cn
E-mail：cicap1202@sina.com（营销中心）
E-mail：gslzbs@sina.com（总编室）

目 录 *Contents*

MA LIE ZHU YI CHANG SHI GONG MIN DU BEN

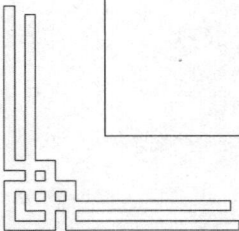

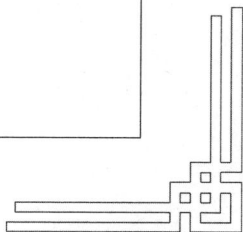

一、共产国际与中国革命关系概述

（一）共产国际诞生

俄国十月革命的胜利，极大地鼓舞了中国人民和中国的先进分子，对中国革命产生了巨大的影响。

十月革命的胜利使中国人民感觉到，俄国工农大众敢于冲破世界帝国主义阵线，建立一

个新型的社会主义国家，这表明帝国主义的力量并不是绝对不可战胜的，中国人民的反帝斗争不再是孤立无援的。长期饱受帝国主义欺侮而又在反帝斗争中屡遭失败的中国人民，由此增强了斗争的勇气和必胜的信心。正在探求救国救民真理、对西方文明和资本主义制度感到失望而又茫然无措的中国先进分子，则由此认识到马克思主义对中国革命运动的指导作用。俄国十月革命帮助中国的先进分子，开始用无产阶级的世界观作为观察国家命运的工具，重新考虑自己的问题。他们从俄国十月革命的启示和西方资本主义的社会政治危机中，感受到世界历史潮流的深刻变化，并且很快在实践中得出向俄国革命学习、"走俄国人的路"的结论。

随着俄国十月革命的胜利，欧美革命风暴的掀起以及亚洲各国民族解放运动的高涨，迫切需要有一个世界性的无产阶级政党组织，对各国革命斗争进行协调和指导。以列宁为首的布尔什维克党，承担起筹建这样一个新的国际组织的任务。1919 年 1 月，在莫斯科举行了筹备建立共产国际（又称第三国际）的会议。会议经过充分讨论，决定成立共产国际，并通过列宁所作的报告，以及《共产国际行动纲领》、《共产国际章程草案》和《共产国际宣言》等重要文件。这些文件规定了共产国际的纲领和组织原则。

共产国际成立后，在指导欧美各国无产阶级政党进行革命斗争的同时，也开始密切关注亚洲各国，特别是中国的革命运动情况，帮助这些国家的无产阶级建立自己的政党组织，并积极支持和推动这些国家的民族解放运动和人民革命斗争的发展。

1864 年，马克思、恩格斯创建了第一国际，1876 年宣布解散。1889 年，恩格斯又创建了第二国际，第一次世界大战爆发后自动解体。列宁于 1919 年创建的第三国际，是全世界共产党和共产主义团体的国际联合组织，即"世界共产党"。莫斯科是共产国际的所在地，也是世界共产主义运动的中心和总司令部。列宁逝世后，斯大林成为共产国际的最高领袖。

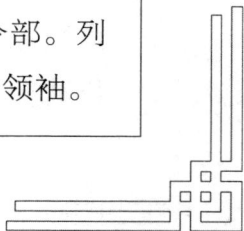

（二）共产国际与中国革命

共产国际与中国革命的关系源远流长，友谊深厚，错综复杂。斯大林为了支持国民党或共产党，为了支持蒋介石或毛泽东，为了支持和援助中国革命，曾先后派出大批高级干部来华，主要包括：一是为援助孙中山，推动国民党与苏联结盟，斯大林派来了俄共（布）［俄罗斯共产党（布尔什维克）的简称］中央委员、副外交人民委员、著名革命家外交家越飞，与孙中山一起发表了著名的《孙文越飞宣言》，奠定了国民党与苏联、国民党与共产党合作的政治基础；二是为援助国民党，斯大林帮助其建立了黄埔军校，苏联远东军区总司令加伦将军（布留赫尔元帅）和一批高级将领奉命来华，全力帮助蒋介石运筹帷幄，取得了北伐战争的胜利；三是为援助国民党，联共

（布）［全联盟共产党（布尔什维克）的简称］
中央委员、中央书记处书记、红军总政治部主
任布勃诺夫，遵照斯大林的指示来中国考察，
先后会见了汪精卫、蒋介石和陈独秀，作出了
苏联援助国共两党进行国民革命，出师北伐的
重大决策；四是为推动中苏合作，斯大林先后
派著名外交家、副外交人民委员加拉罕和鲍格
莫洛夫出任驻华大使，对解决中俄悬案和推动
西安事变的和平解决做出了努力，在中苏关系
史上产生了重要影响；五是为坚定蒋介石抗日
的决心，斯大林又给其派来了军事总顾问崔可
夫将军（后为元帅），提供了大量军事援助，
促成了中国抗日战争的最后胜利。

（三）共产国际与中国共产党

　　共产国际与中国共产党关系密切，对中国
共产党影响深远。中国共产党是在共产国际的

帮助下诞生、成长、成熟起来的，它从成立之日起就由共产国际直接领导，翌年正式加入共产国际而成为其领导下的一个支部。因共产国际是最高权威，它对中国共产党的发展具有最后裁决权，由此成为中国革命的最重要的外部因素。

1928年7月前，共产国际主要采取向中国派出全权代表的方式，直接指导中国共产党和中国革命。被派往中国的共产国际代表，一方面他们必须冒着生命危险，亲临一线和中国共产党人一起从事革命活动；另一方面他们作为斯大林的"钦差大臣"，常常颐指气使，力图包揽中共中央的全部事务。先后被斯大林派来中国，担任共产国际驻华代表的有：一是俄国人维经斯基，曾任共产国际东方部高级官员。他的来华标志着共产国际与中国革命关系的开始。在他的推动下，陈独秀、李大钊相约创建中国共产党。他与孙中山、蒋介石、汪精卫、冯玉祥等国民党要人也有广泛交往，在推动国共合作方面做出了重大贡献。二是荷兰人马

林，印度尼西亚共产党的创始人之一，1921 年
7 月作为列宁的特使来到中国上海，与 13 名中
共代表在望志路 106 号的李公馆，一同出席了
中共一大，他还最先提出共产党员以个人身份
加入国民党这一党内合作的国共合作的具体形
式，在国共两党均享有崇高威望。三是俄国人
达林，青年共产国际执行委员会委员，第一次
国共合作期间，他曾三次奉命来华，在说服苏
联改变联合北洋军阀吴佩孚的错误政策，转而
联合孙中山的国民党方面，做出了贡献。四是
俄国人鲍罗廷，他既是共产国际派驻中国共产
党的代表，又是派驻中国国民党的代表，还被
汪精卫聘为广州国民政府顾问。他因帮助孙中
山成功地改组了国民党而赢得尊敬，成为当时
所有共产国际驻华代表中权力和影响都最大的
人。五是印度人罗易，曾创建墨西哥共产党，
担任共产国际执行委员和主席团候补委员，被
斯大林指派为共产国际驻中国代表团首席代
表，意图挽救中国大革命的命运，却亲眼目睹
了中国大革命的惨败。六是俄国人罗明那兹，

受斯大林的派遣在血雨腥风和白色恐怖中来到中国,指导中共中央召开八七会议,制定土地革命和武装反抗国民党的总方针,以实现革命策略的转变和前途命运的转折。三大武装起义都与他有着不同程度的关系,但在他的影响下中国共产党很快犯了"左"倾盲动错误。七是德国人诺伊曼,德共中央政治局委员,25岁时被作为暴动专家随罗明那兹来华。具体指导了中共领导的广州起义,并与苏联驻广州总领事馆的外交官们参加了国民党的白刃战,起义失败后被迫逃回莫斯科。八是俄国人米夫,曾任莫斯科中山大学校长的他于1930年年底以共产国际东方部领导人的身份来到中国,一手操纵中共六届四中全会,将其得意弟子王明扶上台,致使以王明为代表的"左"倾教条主义统治中共中央长达四年之久,给中国革命造成了巨大损失。九是德国人李德,苏联伏龙芝军事学院毕业,1933年9月受共产国际派遣来到瑞金,直接指挥中央红军。其教条路线的错误指挥,致使第五次反"围剿"失败,红军被迫进行长征。作为唯一的外国人的他随队参加长征，长征初期继续执行教条主义军事路线，红军损失惨重。在 1935 年 1 月召开的遵义会议上，被撤销了最高军事指挥权。

1928 年 7 月后，共产国际不再向中共中央派驻代表，而是由中共中央选派代表驻共产国际。曾担任过中共中央驻共产国际代表的有：一是瞿秋白，中共中央政治局委员，1928 年 7 月起任职；二是张国焘，中共中央政治局委员，1928 年 7 月起任职；三是邓中夏，中共中央候补委员，1928 年 7 月起任职；四是余飞，中共中央委员，1928 年 7 月起任职；五是王若飞，1928 年 7 月起任职；六是蔡和森，中共中央政治局常委，1929 年 1 月起任职；七是周恩来，中共中央政治局常委，1930 年 4 月起任职；八是黄平，中共中央候补委员，1931 年 10 月起任职；九是王明，中共中央政治局常委，1931 年 11 月起任职；十是康生，中共临时中央成员，1931 年 11 月起任职；十一是陈云，中共中央政治局常委，1935 年 9 月起任

职；十二是陈潭秋，中共中央候补委员，1936年秋起任职；十三是王稼祥，中共中央政治局候补委员，1937年春起任职；十四是任弼时，中共中央政治局委员，1938年2月起任职。

中国共产党部分领导人也参与了共产国际的领导工作，先后在共产国际任职的中共领袖有：一是陈独秀，中共中央总书记，共产国际四大、五大执行委员；二是向忠发，中共中央总书记，共产国际六大执行委员；三是苏兆征，中共中央政治局常委，共产国际六大执行委员；四是瞿秋白，中共中央政治局委员，中共驻共产国际代表团团长，共产国际六大执行委员；五是张国焘，中共中央政治局委员，中共驻共产国际代表，共产国际六大执行委员、主席团候补委员，共产国际七大执行委员；六是周恩来，中共中央政治局常委，共产国际六大执行委员、主席团候补委员，共产国际七大执行委员；七是王明，中共中央政治局常委，中共驻共产国际代表团团长，共产国际七大执行委员、主席团委员，书记处候补书记；八是康生，中共中央政治局委员，中共驻共产国际代表团副团长，共产国际七大候补执行委员、主席团候补委员；九是博古，中共中央政治局委员，共产国际七大候补执行委员。

（四）中国共产党
对共产国际的总体评价

1943 年 5 月 13 日，共产国际执委会主席团举行会议，根据斯大林的旨意，作出了一个令世界为之震惊的重大决策：解散共产国际！由于第二次世界大战正酣，共产国际无法召开代表大会。于是，共产国际执委会于 5 月 15 日向各国共产党提交了《共产国际执委会关于提议解散共产国际的决定》。该决定比较全面地叙述了提议解散共产国际的原因，一是第二次世界大战爆发后，各国情况和整个国际局势都发生了重大变化，各国共产党比战前更迫切

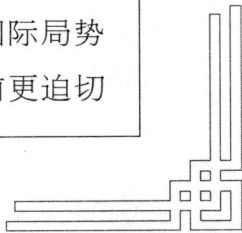

地要求保留自己的独立性和自主性，共产国际这种高度集中的国际组织已难以解决每个国家工人运动所面临的各种问题，甚至已经变成了进一步加强各国工人政党的阻碍。二是第二次世界大战把全世界分为法西斯与反法西斯两大集团，各国间的关系已变得更加复杂，为迅速有效地组织一切国家的反法西斯斗争，只有各个国家的共产党才能承担起这一职责，而共产国际这种高度集中的国际组织是无法胜任的。三是各国共产党已经成长成熟，加之目前战争过程中曾有若干分部提出解散国际工人运动指导中心共产国际，这一局面已成不可逆转的事实。共产国际执委会主席团从上述各项考虑出发，提出下列建议："解散国际工人运动的指导中心共产国际，解除共产国际各支部因共产国际章程及历届代表大会决议所负的义务。"

基于上述原因，经过充分讨论，共产国际主席团决定正式提出解散共产国际的建议，并于5月15日分别致电各国共产党征求意见。5月21日，共产国际总书记季米特洛夫向中共中央发出关于解散共产国际的电报，称共产国际这种集权形式的国际组织已经不能适应各国党的进一步发展，因此，"共产国际主席团将于 5 月 22 日公布向各支部关于解散国际工人运动领导中心共产国际的提议"。中共中央很快就收到了关于解散共产国际倡议书的电文，因事关重大，毛泽东主席在收到季米特洛夫的来电后，立即召集高层领导人开会讨论。5 月 26 日，中共中央作出了《中国共产党中央委员会关于共产国际执委会主席团提议解散共产国际的决定》，表示完全同意共产国际执委会主席团关于解散共产国际的提议，并宣布"从即日起，中国共产党解除对于共产国际的章程和历次代表大会所规定的各种义务"。

该决定高度评价共产国际，认为共产国际"完成了它自己的历史使命：它不仅在欧美各国及日本保护了被机会主义者所糟蹋的革命马克思主义，帮助了先进工人团结成为真正的工人政党，支持了社会主义的苏联，百折不挠地反对了法西斯主义与法西斯战争，而且用了它

的一切可能帮助了东方被压迫民族的解放运动，帮助了被压迫民族的先进工人组成自己的政党，成为站在一切解放运动前头的人民先锋队"。决定也肯定了共产国际对中国革命做出的重大贡献，认为它用了一切可能的力量，促成了国共合作的形成，取得了北伐战争的胜利，声援了十年土地革命战争时期的中国人民，以及六年来中国人民反对日本帝国主义的侵略战争。"总之，在共产国际存在的一切时期中，对于灾难深重的中国人民是尽了它一切可能的力量来给予援助的。"决定还特别强调，"中国共产党在革命斗争中曾经获得共产国际的许多帮助，但是，很久以来，中国共产党人即已经能够完全独立的根据自己民族的具体情况和特殊条件，决定自己的政治方针、政策和行动"，"共产国际的解散，将使中国共产党人的自信心与创造性更加加强，将使党与中国人民的联系更加巩固，将使党的战斗力量更加提高"，"中国共产党人必将继续根据自己的国情，灵活地运用和发挥马克思列宁主义，以服务于我民族的抗战建国事业"。

同日晚，中共中央在延安中央大礼堂召开干部大会，传达共产国际和中国共产党关于解散共产国际的决定。会议由中央书记处书记、中央秘书长任弼时主持，中央副秘书长兼中央办公厅主任李富春向大会宣读了《共产国际执委会主席团关于解散共产国际的倡议书》和《中国共产党中央委员会关于共产国际执委会主席团提议解散共产国际的决定》。中共中央政治局主席、中共中央书记处主席毛泽东向大会作《关于共产国际解散问题》的主题报告。

毛泽东高度评价了共产国际的历史功绩，特别指出共产国际对中国革命功不可没。"在它存在的整个历史时期中，在帮助各国成立真正革命的工人政党上，在组织法西斯战争的伟大事业上，有极端巨大的功劳。""共产国际在中国人民中的影响是很大的。其原因就在于中国虽然是经济落后的国家，却在22年中连续不断地进行了三个巨大的革命运动，而共产国际对于这三个革命运动都做了很大的帮助，这

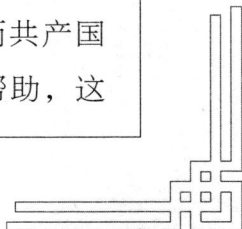

就是北伐战争、土地革命与抗日战争。"毛泽东在报告中突出强调了取消共产国际这一国际领导中心的重大意义和极端重要性，"共产国际的解散，正如美国通讯社所报道的，是一件'划时代的大事'，对于四天以来全世界各国不论是反法西斯阵营中和法西斯阵营中的，不论何党派，对此问题都加以极度注意，就可证明这一点"。现在，"因为各国内部与各国之间的情况，比之过去更为复杂了，其变化亦更为迅速"，作为远离各国实际斗争的共产国际，显然无法适应这种非常复杂而且迅速变化的情况，以实行正确的领导。如果还继续保存这个组织形式，反而会妨碍各国革命斗争的发展。

毛泽东认为，各国党的领导干部已经成熟起来了，已经完全能够独立地领导本国的革命斗争了，而经过比俄国革命更复杂的三次革命运动千锤百炼的中国共产党，更是很久以来就已经能够完全独立地根据自己民族的具体情况和特殊条件，决定自己的政治方针、政策和行动。因此，各国的革命要由各国共产党自己来领导。同时，各国革命党必须独立自主地根据本国革命斗争的需要，找到适合自己民族特点和具体条件的革命道路。共产国际的解散，不是为了削弱各国共产党，而是为了加强各国民族共产党，使各国共产党更加民族化，更加适应于反法西斯战争的需要。

毛泽东的报告，阐述了共产国际的作用及其解散的原因与意义，与共产国际在有关决定中的论述是完全一致的，而且更加明确与深刻，统一了党内外干部群众的思想，鼓舞了大家抗战救国的热情，也表明解散共产国际的决定是得到大家的热烈的拥护的。

5月28日，中共中央机关报《解放日报》发表《论共产国际的解散》的社论，论述了共产国际解散的必要性和紧迫性。同日，斯大林在答路透社记者问时，公开表示支持解散共产国际。6月8日，共产国际执委会主席团召开最后一次会议，会议在31个支部全部赞成、无一反对的情况下作出了解散共产国际的决议。会后，共产国际发表《共产国际执委会主

席团关于解散共产国际的声明》，正式发布从
1943 年 6 月 10 日起，共产国际执行委员会、
执行委员会主席团和书记处以及国际监察委员
会全部解散。从此，存在 24 年之久的共产国
际在世界政治舞台上彻底消失了。

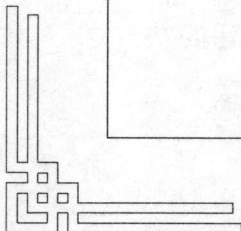

二、共产国际与
中国共产党的成长成熟

（一）共产国际与中国共产党建立

1. 中国共产党早期组织建立

1920 年 2 月，为躲避反动军阀政府的迫害，陈独秀从北京秘密迁移上海。在护送陈独秀离京途中，李大钊和他商讨了在中国建立共

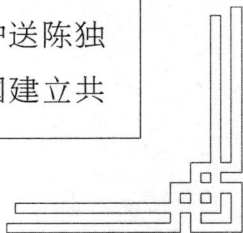

产党组织的问题。深入到工人中去，了解他们的疾苦，并把他们组织起来，是中国先进分子筹备建立无产阶级政党的第一步。陈独秀到上海后不久，就开始到工人群众中宣传马克思主义。1920 年 4 月 2 日，陈独秀出席上海码头工人发起的"船务栈房工界联合会"成立大会，并发表《劳动者底觉悟》的演说，高度评价工人阶级在社会中的重要地位，称赞"社会上各项人只有做工的是台柱子"，世界上"只有做工的人最有用，最贵重"。他希望工人群众迅速觉悟起来，认识到自己的伟大力量和历史使命。他指出，劳动运动可分两步走，第一步要求改善待遇，第二步要求管理权。陈独秀除了到工人中进行调查外，还约请北大的进步学生和各地革命青年，深入工人中开展调查，了解工人的状况，并在此基础上编辑出版了《新青年》第 7 卷第 6 号《劳动节纪念号》。这个纪念专刊介绍了各国劳动组织和工人运动的情况。《劳动节纪念号》的编辑发行，是中国先进分子与工人运动相结合的产物。同年 4 月中旬，陈独秀联合中华工业协会、中华工会总会、电器工界联合会、船务栈房工界联合会、药业友谊联合会等七个工界团体筹备召开"世界劳动节纪念大会"，并在筹备会上发表了《劳工要旨》的演讲。

马克思主义与工人运动相结合，必然会产生无产阶级的政党。陈独秀在发动和组织工人，向他们宣传马克思主义的过程中，积极开展建党工作，并从上海马克思主义研究会成员中发现建党的骨干。

1920年春，正当中国先进知识分子积极筹备建党的时候，经共产国际批准，俄共（布）远东局海参崴（现名为符拉迪沃斯托克）分局外国处派出全权代表维经斯基等人来华，了解五四运动后中国革命运动发展的情况和能否建立共产党组织的问题。在北京和上海，维经斯基介绍了十月革命后俄国的情况及苏俄的对华政策，介绍了共产国际和国际共产主义运动的状况和经验。他们在了解到中国工人阶级的情况和马克思主义在中国传播的情况后，认为中

国已经具备建立共产党的条件，并对李大钊和陈独秀的建党工作给予了帮助。

在维经斯基等人的帮助下，陈独秀以上海马克思主义研究会为基础，加快了建党工作的步伐。1920 年 6 月，他同李汉俊、俞秀松、施存统、陈公培等人开会商议，决定成立共产党组织，并初步定名为社会共产党，还起草了党的纲领。党纲草案共有 10 条，其中包括运用劳工专政、生产合作等手段达到社会革命的目的。此后不久，围绕着是用"社会党"还是用"共产党"命名的问题，陈独秀征求李大钊的意见。李大钊主张定名为"共产党"，陈独秀表示完全同意。

经过酝酿和准备，在陈独秀的主持下，上海的共产党早期组织于 1920 年 8 月在上海法租界老渔阳里 2 号《新青年》编辑部正式成立。当时取名为"中国共产党"。这是中国的第一个共产党组织，其成员主要是马克思主义研究会的骨干，陈独秀为书记。在党的一大召开之前，先后参加上海的共产党早期组织的有：陈独秀、俞秀松、李汉俊、陈公培、陈望道、沈玄庐、杨明斋、施存统（后改名施复亮）、李达、邵力子、沈雁冰、林祖涵、李启汉、袁振英、李中、沈泽民、周佛海等。1920年12月，陈独秀由上海赴广州后，李汉俊和李达先后代理过书记的职务。上海的共产党早期组织通过写信联系、派人指导或具体组织等方式，积极推动各地共产党早期组织的建立，实际上起着中国共产党发起组的作用。

2. 共产国际指导中国共产党正式建立

1921年6月初，共产国际代表马林和共产国际远东书记处代表尼克尔斯基先后到达上海，并与上海的共产党早期组织成员李达、李汉俊建立了联系，他们一致认为应尽快召开全国代表大会，正式成立中国共产党。李达、李汉俊同陈独秀、李大钊通过书信商议，决定在上海召开中国共产党第一次全国代表大会。随即，他们写信通知北京、武汉、长沙、济南、广州和旅日的党组织，各派两名代表到上海出

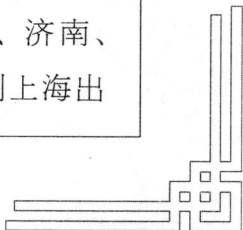

席会议。

国内各地的党组织和旅日的党组织共派出13 名代表出席党的第一次全国代表会议。他们是：上海的李达、李汉俊，武汉的董必武、陈潭秋，长沙的毛泽东、何叔衡，济南的王尽美、邓恩铭，北京的张国焘、刘仁静，广州的陈公博，旅日的周佛海，以及由陈独秀指定的代表包惠僧。共产国际代表马林和尼克尔斯基也出席了大会。陈独秀和李大钊因事务繁忙，未出席会议。

中国共产党第一次全国代表大会于 1921年 7 月 23 日晚上开幕，会场设在上海法租界望志路 106 号（今兴业路 76 号）李汉俊之兄李书城的住宅内。会场陈设简朴，但气氛庄重。

共产国际代表马林首先致词，对中国共产党成立表示祝贺。他介绍了共产国际的概况，并建议把会议的进程及时报告共产国际远东书记处。随后，代表们具体商讨了大会的任务和议程。

7月24日，各地代表向大会报告本地区党、团组织的情况。7月25日和26日，休会两天，由张国焘、李达、董必武起草供会议讨论的党纲和今后实际工作计划。7月27日、28日和29日，连续三天举行三次会议，对党的纲领和决议作了较为详尽的讨论。

7月30日晚，代表们正在开会时，一名陌生的中年男子突然闯入会场，环视一周后又匆忙离去。具有长期秘密工作经验的马林立即断定此人是敌探，建议马上中止会议。大部分代表迅速转移。十几分钟后，法租界巡捕包围和搜查会场，结果一无所获。由于代表们的活动已受到监视，会议无法继续在上海举行。于是，代表们分批转移到浙江嘉兴南湖，在一艘游船上结束了最后一天的会议。

党的一大通过的中国共产党纲领，确定党的名称为"中国共产党"，明确党的中心任务是领导工人运动，并选举产生了由陈独秀、张国焘、李达三人组成的中央局。中共一大的召开，标志着一个崭新的马克思主义的无产阶级

革命政党——中国共产党的正式诞生。它是中国工人阶级成长和工人运动发展的结果，也是马克思主义广泛传播的结果，同时，也是以列宁为首的苏共和共产国际大力支持、帮助的结果。从某种意义上讲，是共产国际催生了中国共产党。

（二）共产国际在党的创立和大革命时期对中共发展起到了重要启蒙作用

共产国际作为列宁领导创建的世界无产阶级政党的联合组织，于 1919 年 3 月成立，至 1943 年 6 月解散。中共中央在《关于共产国际执委主席团提议解散共产国际的决定》中，强调指出："中国共产党在革命斗争中曾经获得共产国际的许多帮助。"[①] "共产国际在中国人民中的影响，是很大的。其原因就在于中国虽

---

① 《中共党史教学参考资料》（第三册），第 37 页。

然是经济落后的国家，却在二十二年中连续不断地进行了三个巨大的革命运动，而共产国际对于这三个革命运动都有很大的帮助，这就是北伐战争、土地革命和抗日战争。"① 毛泽东对共产国际关于中国革命的问题，有一个总的评价："两头好，中间差。两头好，也有一些问题，中间差，也不是一无是处。"② 中共第一代领导集体的形成发展既得到过共产国际的支持和帮助，又是在同共产国际对中国共产党的思想禁锢和组织控制作斗争中实现的。

其一，在中国共产党的婴幼时期，共产国际帮助、指导制定重大政策与策略，对中国共产党以马克思主义指导中国革命提供了必要的有益的扶植。中国共产党从诞生伊始就得到了共产国际的帮助，但其最具持久意义和决定性影响的贡献，则是帮助中国共产党在成立之初

---

① 《关于共产国际解散问题》（摘要），载于《解放日报》1943 年 5 月 28 日。

② 《周恩来选集》（下卷），人民出版社 1984 年版，第300 页。

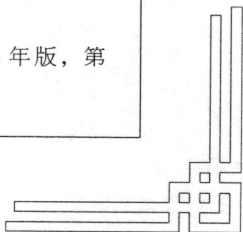

就确立了马克思列宁主义的指导思想，使其接受的是真正马克思主义的完整科学的世界观和科学社会主义，避免了各种非马克思主义思潮的侵蚀，为党的健康发展打下了先天的良好的思想基础。而初生的中国共产党缺少理论准备，他们只是在较短的时间内受到马克思主义关于社会革命理论的影响，便立即投入到革命斗争中，既没有领导革命的经验也不懂得马克思主义与中国实际相结合的原则。在这种情况下，由共产国际大力帮助中国共产党制定政策策略是相当必要的，对中共自身的成熟和中国革命的发展都具有促进作用。

其二，共产国际将列宁的民族和殖民地理论介绍给中国共产党，帮助中共制定了反帝反封建的民主革命纲领，倡导和推动了第一次国共合作的形成，在客观上推进了马克思主义中国化的进程。1922 年召开的远东各国共产党及民族革命团体第一次代表大会，传达了列宁民族殖民地理论，并用以分析中国国情，指出中国革命的首要任务是"把中国从外国的羁轭下

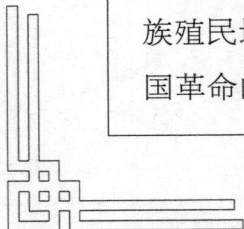

解放出来"，"把督军推翻，土地收回国有"①。受此启发和会后继续得到共产国际的帮助，中国共产党人运用列宁民族殖民地理论研究中国革命的实际问题，在短短几个月时间里就得出了中国革命"应分两步去做"的结论。随后召开的党的二大制定了反帝反封建的民主革命纲领，确定了中国革命应分两步走的战略步骤。此外，共产国际还运用马列主义民族殖民地理论和统一战线策略，从中国的实际出发，提出了国共两党以"党内合作"的形式建立民族民主革命联合战线，支持开展北伐战争，大革命运动如火如荼席卷大半个中国。中国共产党正是在共产国际的帮助、指导下，在第一次国共合作的大革命中，懂得了要把马克思主义与中国实际相结合的道理，并开始初步地锻炼了使这两者相结合的能力。其中，中国共产党人的优秀代表毛泽东等人运用马克思主义理论，分

---

① 《共产国际与中国革命资料选辑》（1919—1924），人民出版社1985年版，第156页。

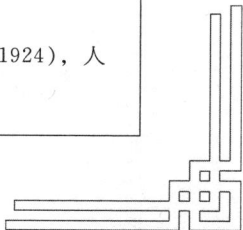

析中国国情和具体革命实践，对统一战线、无产阶级领导权、农民问题等新民主主义革命的基本问题，提出了卓越的独到见解，引起了共产国际的重视。1923 年的三大上，毛泽东坚决赞成共产国际关于国共合作的主张，批评陈独秀和张国焘的观点，得到指导大会的共产国际代表马林的赞许，被提名为中央执行委员，并得以进入党的领导核心。1927 年年初，在四大上落选中委的毛泽东到湖南实地考察农民运动，写出了《湖南农民运动考察报告》。该报告引起共产国际代表的重视，并从 5 月开始陆续在共产国际机关刊物《共产国际》的俄、英、中文版和《革命东方》等杂志上，广为载译介绍。"毛泽东已经在共产国际产生了影响"，不久，毛泽东在五大上重新入选候补中央执委，这对第一代中央领导集体的早日形成，都是不可忽视的一环。

其三，共产国际承认各国党的独立性，对中国共产党的成长具有积极的促进作用。在列宁领导的共产国际的最初阶段，虽然也强调各国党对其具有服从指导和执行决议的义务，但它承认各国党的独立性，允许根据本国国情制定策略的差异性。列宁和共产国际其他领导人曾联合宣布："共产国际完全承认每一个党的独立性"，"承认每个党在本国健康发展的必需的范围内的自治"；共产国际在指导各国党的斗争时"只是在可能的情况下，才对某些问题作出全体成员都应当执行的决议"，而且在作决议时"必须考虑到各党斗争和活动中的种种条件"①。特别是，列宁还鼓励东方各国共产党人"必须以一般共产主义的理论和实践为依据"，"善于把这种理论和实践应用于主要群众是农民，需要解决的斗争任务不是反对资本而是反对中世纪残余这样的条件"②。所以，中共中央于 1922 年年初便提出了"努力研究中国的客观的实际情形，而求得一最合宜的解决中

①　《列宁全集》（第三十一卷），人民出版社 1958 年版，第 186 页。

②　《列宁选集》（第四卷），人民出版社 1960 年版，第 79 页。

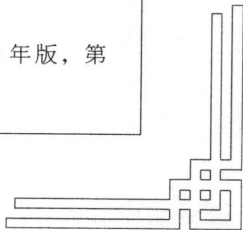

国问题的方案"①　的结论。

其四，共产国际对中国大革命战略和策略的指导，在初期和中期是基本正确的。斯大林正确地阐明了中国革命的性质、任务、对象和前途等问题，认为中国的革命是资产阶级民主革命，革命对象是封建残余和帝国主义，革命动力是工人、农民和城乡小资产阶级，资产阶级分为民族资产阶级和买办资产阶级两部分，民族资产阶级既有革命性又有软弱性，中国革命的前途应首先"取得资产阶级民主革命的完全胜利，然后把它逐渐转移到社会主义革命的轨道上"②。另外，斯大林还强调了土地革命和武装斗争在中国革命中的重要地位和作用，指出"农民土地革命正是资产阶级民主革命的基础和内容"。"在中国，是武装的革命反对武装的反革命。这是中国革命的特点之一和优点之一。"③　这一系列著名的正确论断，帮助中国共

---

① 《先驱》创刊号《发刊词》，1922 年 1 月 25 日。
② 《斯大林全集》（第九卷），第 200 页。
③ 《斯大林全集》（第九卷），第 260 页。

产党从狭小的圈子走了出来，从党员不足五百人变为拥有党员近六万人的、在中国人民中享有很高威望的群众性大党，并且使党在伟大的革命运动中得到了初步锻炼。同时，共产国际还通过创办外国语学社，选送革命青年赴苏俄学习等途径，积极为中国培养干部，其中的许多人后来都成为党的骨干力量。

但是，共产国际在指导中国大革命的晚期，却出现了重大失误。一是脱离实际的教条主义。列宁逝世后，联共党的领导人忘却了列宁关于"不要俄国味道太浓"的告诫，违背了马列主义理论要和各国实际相结合的原则，在他们看来，中国革命无异于俄国革命的翻版，只要机械地搬用俄国革命的公式，胜利果实就会唾手可得。于是，他们通过共产国际组织硬性推行俄国革命的经验，不了解中国的实际情况，不是从客观的实际情况出发，而是从主观想象和照搬俄国革命的公式出发，在对中国社会的阶级关系和革命发展阶段的分析上，犯了公式化、定型化的错误。二是高度集中的领导

制度和家长作风。共产国际二大通过的章程规定共产国际是"世界性的共产党，在各国工作的党只是它的独立支部而已"①，确立了其高度集中的领导制度。按照共产国际的组织原则，中共作为其下属的一个支部，必须无条件地遵守最严格的国际纪律，执行共产国际的一切决议，并接受共产国际派出的具有广泛权力的全权代表的监督和指导。这种强加于人的近乎包办代替的领导体制，严重地制约了中国共产党独立自主性的发挥。总之，共产国际脱离实际的教条主义和高度集中的领导体制，生搬硬套俄国的革命模式，对资产阶级右翼势力的反共倾向只强调团结不主张斗争，放弃了无产阶级对统一战线的领导权，尤其是放弃了中共对武装力量的领导权，助长了陈独秀右倾机会主义错误，致使大革命运动归于失败，党和革命事业遭受重创，严重地滞缓了中共第一代成熟的领导集体的形成。

---

① 《斯大林全集》（第八卷），第 325－326 页。

（三）共产国际在土地革命战争时期严重阻碍了中共的独立与成长

土地革命战争时期，共产国际一方面及时地帮助中共实行了政治战略的转变，在客观上为红军创建和农村根据地的建立指明了方向，推进了中国革命进程，对中共第一代领导集体的形成起到了一定的积极、促进作用。另一方面，共产国际在这一时期的主要倾向，则是对中共实行思想禁锢和组织控制，严重地影响了中国共产党的成长，对第一代领导集体的形成起了相当大的消极、阻碍作用。

这种积极、促进作用主要表现在，共产国际帮助中共制定了实行土地革命、武装反抗国民党反动派的总方针，掀开了中国共产党和红军开展土地革命战争的新篇章。共产国际帮助中共在八七会议上确定了开展土地革命、武装

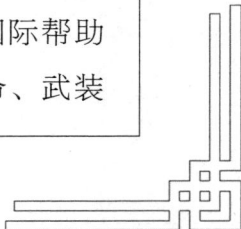

斗争的方针。这次会议是一个转折点，给正处在思想混乱和组织涣散之中的中国共产党指明了新出路，为挽救党和革命做出巨大贡献，"这是由大革命失败到土地革命战争兴起的历史性转变"。① 于是，在共产国际和斯大林的直接帮助和指导下，中共六大正确地肯定了大革命失败后中国社会仍然是半殖民地半封建社会；确定了中国现阶段的革命依然是资产阶级民主革命；指出了当时的革命形势是在两个革命高潮之间，党的任务不是进攻和组织起义，而是争取群众；积极地进行了两条路线的斗争，批判了右倾机会主义和"左"倾盲动主义错误。六大制定的新政策，放弃了立即夺取大城市的策略总方针，开始把土地革命、武装斗争和政权建设结合起来，从而对统一全党思想，巩固、扩大红军和革命根据地，开展白区工作，起到了重要作用。此外，共产国际对中

① 珍妮·德格拉斯：《共产国际文件》（第一卷），第205页。

国共产党单独领导的革命斗争，在舆论宣传和干部培养等方面也给予了积极的声援和真诚的支持。这种声援和支持，在对待代表中国革命正确方向的毛泽东的态度上可见一斑。

但是，就土地革命战争时期的总体情况而言，对于中共第一代领导集体的形成，共产国际主要起的还是消极、阻碍作用。这种消极、阻碍作用集中体现在共产国际和斯大林对中国共产党实行思想禁锢和组织控制。尤其是在1927～1935年，共产国际支持"左"倾中央的领导，使毛泽东屡遭排挤、打击。

1. 思想禁锢

共产国际和斯大林在帮助中共实行政治战略转变的过程中，在对中国革命道路的认识和选择上脱离了中国国情，陷入了对十月革命模式和经验的迷信之中。他们将马克思主义教条化，将十月革命经验模式化，将想当然的类比和推论结论化。在对待马克思主义的问题上，斯大林和共产国际生搬硬套书本上的结论，对

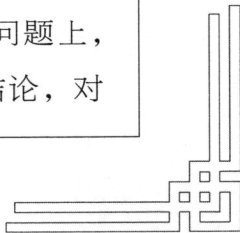

其进行俄国化的解释，并使苏联党垄断了对马克思主义的解释权。他们认为，马克思主义的具体表现便是苏联十月革命的模式和经验，而这个模式和经验是具有世界意义的，只有由他们解释的马克思主义才是"正宗的"。因而，他们要求各国共产党人相信由他们解释的"正宗的马克思主义"，无条件地运用俄共在三次革命中取得的经验。为把俄国经验应用于中国，斯大林将中国革命与俄国革命机械地进行类比，于 1927 年七八月间推导出一个与俄国 1905 年革命、1917 年二月革命和十月革命相对应的中国革命广州时期四个阶级联盟、武汉时期三个阶级联盟和苏维埃时期只有工农两个阶级联盟的"三阶段"的理论。共产国际六大则认为资本主义内部的矛盾愈演愈烈，将导引一个新时代，将发生帝国主义国家的战争，帝国主义国家反对苏联的战争，爆发反对帝国主义的民族解放战争，战争引起革命，从而不可避免地导致资本主义制度的总崩溃，又提出了关于世界资本主义进入"第三时期"的理论。

"三阶段"理论导引了是对中国社会阶级关系的错误分析，"第三时期"理论则导引了对中国革命形势的错误认识，这两个理论结合在一起，被贯彻到中共党内来，造成连续三次"左"倾路线错误。

其一，共产国际由于受斯大林关于中国革命发展"三个阶段"理论的影响，教条地主观地设计了一条不合中国国情的方针路线，并直接影响中共中央的工作，过重地打击了中间势力，加上对当时革命形势低落的情况估计不足，而不加分析地要求各地党组织普遍发动武装暴动，把党的工作从农村起义直接引向组织大城市起义，导致 1927 年 11 月临时中央政治局扩大会议上瞿秋白"左"倾盲动主义的产生。这第一次"左"倾错误与"三阶段"理论有直接的渊源关系。一是斯大林认为经过前两个阶段，民族资产阶级和小资产阶级上层先后叛变革命，成为敌人。十一月会议决议也指出民族资产阶级"绝对的背叛了民族解放运动"，告诫全党对上层小资产阶级"切不可以存着犹

豫动摇的心理"。二是斯大林认为中国革命有很快进入社会主义革命的趋势,十一月会议决议便指出中国革命"必然是急转直下从解决民权革命的责任进入社会主义的革命"。三是斯大林认为"在当前革命发展阶段上,成立苏维埃是完全成熟的问题了"。十一月会议决议也肯定"现时革命阶段之中,党的主要口号就是苏维埃"。也就是说,在革命形势与任务上,共产国际和斯大林对中国革命形势正在走向新的高潮的错误估计,始终成为国际代表罗明那兹作为指导中国共产党的政策的主要理论依据。在革命性质与阶级关系上,斯大林关于中国革命"三阶段"的理论,导致了对革命性质的混淆和政治策略上的"左"倾,使共产国际不能正确指出中国社会阶级关系的基本格局和革命所要依靠、所应团结的力量。十一月扩大会议完全接受了这种观点,混淆了民主革命与社会主义革命的界限,"左"倾错误统治中央在所难免。

其二,共产国际关于资本主义总危机发展的"第三时期"理论等,对于李立三"左"倾错误的形成具有重要影响，并成为李立三"左"倾冒险主义一些重要内容的直接来源。一是实现一省或数省的首先胜利，建立全国革命政权的"战略总方针"作为立三路线的核心内容，是根据共产国际"第三时期"理论，分析中国革命形势而得出的"左"的错误结论。二是在革命道路上，共产国际一直把十月革命的经验绝对化，机械地向各国推行，对中国革命必须走农村包围城市的道路不理解，而要求中国共产党准备和组织城市武装起义。李立三正是按照共产国际这一思想和要求，制订实施了一系列中心城市暴动的冒险计划。三是1929年共产国际和联共党内反布哈林所谓右倾的斗争，造成了一种强大的国际政治声势，严重地影响了中国共产党内的反倾向斗争，盲目地追随反右实则助长了"左"倾冒险主义的发展。

其三，共产国际"第三时期"理论及建立在此基础上的指示、决议与王明"左"倾教条主义的理论、方针、政策是"血浓于水"的关系。一是在中国革命形势问题上，共产国际不

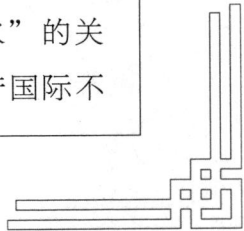

承认中国革命仍处于低潮,对中国革命形势作了过高的估计。王明"左"倾教条主义者对此全盘接受,极力夸大国民党统治的危机和革命力量的发展,提出了红军攻打大城市、白区搞同盟罢工等冒险主义计划。二是在中国革命的性质、对象和策略问题上,共产国际混淆了中国资产阶级民主革命与社会主义革命的界限,把中间势力看作是最危险的敌人,主张整个地反对资产阶级和上层小资产阶级。王明"左"倾教条主义者对此全盘接受,顽固地把中间派断定为中国革命"最危险的敌人",并将"下层统一战线"策略推向极端,错失了许多革命良机。三是在中国革命道路问题上,共产国际主张"城市中心论"。王明"左"倾教条主义者完全接受了共产国际以城市为中心的观点和苏联革命模式,积极推行对中心城市的"进攻路线"。四是在党内倾向问题上,共产国际反复强调右倾是主要危险。王明"左"倾教条主义者完全按照共产国际的指示,重申党内存在着以"左"的词句掩盖着的右的倾向,全力开展错误的反右倾斗争。总之，共产国际凭借自身权威，执意推行国际路线，从思想上禁锢了中国共产党中相当大一部分人的头脑，窒息了马克思主义的思想作风，使马克思主义中国化进程严重受阻，中国共产党的成熟尚待时日。

2. 组织控制

斯大林提出的"三阶段"理论和"第三时期"理论，分别成为瞿秋白、李立三、王明代表的三次"左"倾错误路线的思想根源。

在共产国际包办代替式的组织干预与全面控制下，瞿秋白大起大落，向忠发出人意料地当上了总书记，李立三、瞿秋白来去匆匆，王明一步登天。共产国际对中国共产党实行严密的组织控制，全力支持"左"倾领导者，致使连续三次"左"倾错误路线统治中央，教条主义、宗派主义盛行，使本国土生土长的与苏联和共产国际没有特殊关系的坚持从中国革命实际出发的实事求是派的代表人物毛泽东屡遭排挤和打击。尤其是第三次"左"倾机会主义统

治中央达四年之久，党和革命事业遭到惨重损失，教条主义、宗派主义盛行，毛泽东代表的正确路线遭到错误批判，严重地阻碍了党成熟的脚步。

总之，共产国际六大后进一步加强了对中国共产党的全面控制，从思想上禁锢了中国共产党人的头脑，从组织上培养了一批唯共产国际和苏联之命是从的教条宗派主义者。以毛泽东为主要代表的优秀共产党人对共产国际的思想禁锢和组织控制进行了坚决斗争，终于在遵义会议上打破了这种严密监控，确立了第一代领导集体的历史地位。

（四）共产国际在土地革命战争后期和抗日战争时期为中共的成长成熟创造了有利条件

共产国际承认遵义会议产生的新中央，支持中共以毛泽东为领袖解决统一领导的问题，对第一代中央领导集体的形成与稳固起到了重要作用。

一是共产国际对遵义会议采取了积极的现实的态度。遵义会议是中共中央借助与共产国际失去电信联系的有利条件，彻底摆脱了共产国际的控制，独立自主地解决了党的组织问题。共产国际对遵义会议及其决议并没有积极地反对，而是采取了默认的态度。其原因有四：第一是事实已经证明受自己支持的博古"左"倾中央的领导导致了中国革命的失败，共产国际不得不承认中国共产党的选择。第二是陈云的汇报使共产国际自红军长征后第一次了解到中国革命真相，并敏感地意识到自己对于中国革命形势和条件的估计，同实际情况是有一定距离的。① 第三是共产国际一直比较欣赏毛泽东的才干。第四是国际七大改变了政治策略，强调不能对于一切情况，一切国家和一

① 杨云若等：《共产国际和中国革命》，上海人民出版社1988年版，第337页。

切民族都给一个万应的药方，各国共产党人应根据本国的具体情况来运用马列主义原则以实施共产国际的策略。随之共产国际也改变了工作方法和领导方法，宣布共产国际在解决一切问题时，要根据每个国家的具体情形和特点，一般的不要干涉各国共产党组织上的事宜，不要机械地把一国经验搬到别国去，不要用呆板格式和笼统公式去替代具体的马克思主义分析。

二是共产国际明确指示中共应该以毛泽东为领袖实现统一领导。在中国抗战一周年纪念日，《真理报》头一次刊登了毛泽东、朱德的大幅照片，清楚地表明了共产国际和斯大林对毛泽东的支持与承认。共产国际执委会主席团经过认真的充分的讨论后，肯定"中国共产党的政治路线是正确的"，声明它"完全同意中国共产党的政治路线"①。为认真贯彻共产国际这一指示召开的中共六届六中全会，"基本上

---

① 《共产国际执委会主席团关于中共代表报告的决议案》，1938 年 6 月。

克服了王明'左'倾，统一了全党的步调，推动了各项工作的迅速发展"①。共产国际的指示是顺利召开六中全会的基本保证，在中共党内斗争的关键时刻，共产国际支持了毛泽东的领导地位，指责了王明的错误言行，对加强毛泽东在全党的领导起了重要作用。

三是共产国际对中共发起延安整风运动，批判王明为代表的多半来自莫斯科的教条主义错误并不满意，但并没有强烈反对。斯大林也始终没有对中共和毛泽东采取粗暴、蛮横的态度。尽管王明在不断煽动，毛泽东又一直坚持独立自主不盲从的方针，长期信任王明而对毛泽东"一无所知"的斯大林，最终还是尊重事实和真理，甩开了王明而支持毛泽东，这对延安整风的胜利和后来全党全军在毛泽东思想旗帜下的团结统一都起了积极的作用。②

---

① 《中国共产党历史》（上卷），人民出版社1991年版，第523页。

② 刘杰诚：《毛泽东与斯大林》，中共中央党校出版社1993年版，第473页。

但是，共产国际七大关于必须对每个国家的具体情况进行马克思主义的分析和反对公式化的规定，还只是作为对自身工作的原则提出来的，并没有提高到作为各国党的思想路线的高度来要求。同时，共产国际并未真正放弃它在政治上和组织上对各国党的监控权力，它仍然坚信只有通过它根据每个国家的情况和特点为各国党制定的政治路线和策略路线，才是真正的马克思主义的路线。因此，这一时期共产国际对中共第一代领导集体的发展也有一些消极作用。

第一，"主要的问题是第二次王明路线"①。抗日民族统一战线建立后，共产党内的右倾倾向开始出现并日益成为主要的危险倾向。中共中央对这种右的倾向进行了批评、纠正和必要的预防。但是，共产国际认为中国共产党和中国工人阶级的力量比较弱小，中国的抗战要依

---

① 《周恩来选集》（下卷），人民出版社 1984 年版，第 312 页。

靠蒋介石为首的国民党。中国共产党应竭力促成在国民党政府基础上的全国的团结统一，在抗日民族统一战线中不要提谁领导谁的问题，而应运用法国共产党关于"一切服从统一战线"和"一切经过统一战线"的经验，做到共同负责，共同领导。王明被派回国，正是为了由他在中共中央贯彻上述共产国际的"新政策"。① 派王明回国本身，就表明共产国际对以毛泽东为首的中共中央的信任产生了动摇，"企图使中国共产党的方针政策完全适应苏联外交政策的需要，这就不能不犯错误"②。回国后的王明积极推行共产国际的"新政策"，"对如何巩固和扩大抗日民族统一战线问题提出了比较系统的右倾主张"③。这种来源于共产国际的错误，给中国革命造成了一定的损失。更为

① 《中国共产党历史》（上卷），人民出版社 1991 年版，第 516 页。

② 《中国共产党历史》（上卷），人民出版社 1991 年版，第 522 页。

③ 《中国共产党的七十年》，中共党史出版社 1991 年版，第 157 页。

严重的是，王明打着共产国际的旗子，大肆宣扬右倾主张，在中共党内造成思想混乱，严重影响了中央领导集体的团结统一。这种结局，共产国际虽不负主要责任，但它摆脱不了干系。

第二，"共产国际对我们党的内部事务还是有些干涉，甚至在组织上也还有些干涉"。①共产国际、苏联在中国抗战时期的方针政策是"大国沙文主义"，违背了国际共运中各国无产阶级政党独立自主的基本原则。共产国际不是从中国的实际情况出发，而是从苏联外交政策的需要出发，要求中国共产党在国内活动中完全服从中国国民党的领导，取消共产党在抗日民族统一战线中的独立性；还要求中国共产党在国际活动中完全服从苏联共产党的指挥，取消中国共产党在国际共产主义运动中的独立性，按照苏联外交政策的需要来开展活动。而

---

① 《周恩来选集》（下卷），人民出版社 1984 年版，第312 页。

且，共产国际对中共发起的延安整风的态度变化也是说明问题的。整风运动的开展，特别是对党内教条主义的批判，引起了共产国际领导人的关注。最初，共产国际只是担心在苏德战争的紧要关头和抗日战争的严重情况下，这样一场运动会妨碍中国共产党把全部力量投入到保卫苏联和牵制日军的任务上来。[①] 1942 年 5 月，共产国际和联共党派出弗拉基米洛夫以共产国际驻中共中央联络员和塔斯社随军记者的双重身份飞往延安，设法敦促中国共产党"结束内战，与国民党联合行动"。弗拉基米洛夫对中共开展的整风运动抱有成见，"对毛泽东反对教条主义的谈话"和"整风运动所包含的清除苏联和共产国际影响的目的"极为不满，他接连向联共中央和共产国际发报，说明中国共产党内"极不正常"的情况。这对共产国际和联共中央产生了很大的影响，他们对中共的

---

① 杨云若等：《共产国际和中国革命》，上海人民出版社 1988 年版，第 545 页。

整风运动一直不赞成，但开始并未对此作出强烈反应。但是，1943 年 12 月 22 日季米特洛夫就中共党内状况问题给毛泽东的信却改变了态度。此信指责中共的整风运动是"反对周恩来和王明的运动"，"指控周恩来和王明执行共产国际建议的民族统战政策，似乎因此他们将党引向了分裂，从而开展反对他们的运动，这在政治上是错误的"①。共产国际对延安整风运动的否定和指责，无疑是对中共组织上的干涉，所起的作用也是消极的。

---

① 《季米特洛夫就中共党内状况问题给毛泽东的信》，1943 年 12 月 22 日。

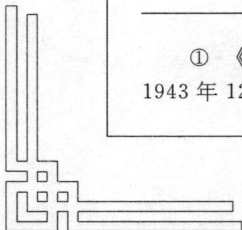

三、共产国际与中共领袖选择

　　共产国际和苏共中央为了确保自己的权威，在对中共实行思想禁锢的同时，更直接地对中共实行组织控制：一是不信任知识分子出身的中共领导人，严重地削弱了中共领导集体的力量；二是对犯错误的中央领导人的处理简单粗暴，过于注重个人责任，造成了恶性循环的严重后果；三是从自身利益出发，凭主观好恶来选择中共中央主要领导人，难以使真正懂得将马列主义与中国实践相结合的优秀领导者被选拔出来。共产国际对中国共产党的组织干

预，致使中共早期领袖更换频繁，始终没能形成真正成熟稳定的中央领导人及中央领导集体。这种状况，直到中共遵义会议和共产国际七大后才得以扭转。

（一）瞿秋白大起大落

1927 年 6 月，中共五大召开。在共产国际代表鲍罗廷的参与下瞿秋白在五大结束一个月之后的 7 月 21 日被增选为政治局常委，加入原来的五人常委会，并在后来主持中央工作，瞿成为实际上的中共最高领袖。共产国际之所以选中瞿秋白，一是因为瞿强烈反对陈独秀，它否定了陈独秀后自然要选择一位陈独秀的反对派主党；二是因为瞿秋白旅苏三年，与共产国际关系密切，颇受共产国际信任和支持。在共产国际代表指导下召开的"八七"会议上，瞿秋白被指定代表中央政治局作报告。八七会议后，瞿秋白顺从共产国际代表的主张，认为中国革命形势仍然是高涨的，强调要加强党的组织，整顿政治纪律，就一定要坚决地提拔工人分子，坚决地改造党，并积极推行全国总暴动的盲动路线，在组织上采取惩办主义。暴动连连受挫，使瞿秋白威信大降，陷入困境。1928 年 2 月，共产国际执委会召开第九次扩大会议通过决议否定了瞿秋白中央的极"左"主张，纠正了瞿秋白的"左"倾盲动主义错误。瞿秋白的去职为期不远。

（二）向忠发意外当选

1927 年 7 月 14 日共产国际发来一封非同寻常的电报，电令中明确指出：中共中央领导机关已经由于其对国民党的种种妥协政策而表现出严重的机会主义倾向，中共全体党员必须坚决与党的领导的种种机会主义倾向作斗争，

改造中共中央。这种改造的基本任务，就是"要使工人和农民组织的领导以及在内战时长成的党员，在党的中央内取得决定的影响"。大革命失败后，共产国际认定责任在中共中央知识分子出身的领导人的妥协，决心以工人出身的领导取代知识分子出身的领导，对中共领导层实行彻底改造。八七会议根据共产国际的这一要求，设法"将几个工人加入指导机关"。选举结果，当时党内现有的"工人和农民组织的领袖"苏兆征、向忠发、王荷波全部当选。但当时共产国际代表罗明那兹对共产国际关于把工农领袖充实到党的核心领导机关去，并使他们在党的中央取得决定性影响的指示并未特别重视，于是，瞿秋白成为常委之首，向忠发则无工作可做，心存不满。

1927 年 10 月初，共产国际要求中共中央组织一个工农代表团赴苏参加十月革命十周年庆典。因许多中央领导成员或不在上海或有工作在身，闲置的向忠发便被选派充当代表团团长。向忠发的出现，对斯大林、布哈林这样一些本质上不信任知识分子，一心试图寻找工人领袖来领导中国共产党的人物来说，很适合。不久，向忠发在共产国际的扶植下十分意外而又顺理成章地当选为中央政治局兼中央常委会主席，正式成为中共历史上唯一一任工人出身的总书记。

（三）李立三、瞿秋白来去匆匆

斯大林和共产国际判断中共领袖的能力主要来自两方面，一是其坚持共产国际所规定的阶级路线的坚定性和革命的彻底性，二是其为实现这一阶级路线的主要目标而进行组织、发动以及调度指挥全党团结斗争的能力，最关键的是其对苏联和共产国际的态度。斯大林十分希望能有一位工人出身的领袖来担任中共最高领导职务，使其摆脱小资产阶级知识分子的影响，权力真正掌握在无产阶级手中。六大上，

知识分子出身的工人运动领袖李立三当选为政治局候补常委。成为常委后，李立三接受了共产国际的"第三时期"理论，推崇城市武装起义，大搞反右倾斗争，其"左"倾思想愈益发展，形成了"左"倾冒险主义路线错误。"立三路线"与共产国际指示是一脉相承的，因此，李立三得到了共产国际的支持。但是，"立三路线"又违背了共产国际关于中国革命的一些指示精神，因此，李立三又遭到了共产国际的批评和反对。六届三中全会上，李立三作了检查，并很快离开了中央主要领导岗位。瞿秋白则再度复出，任政治局常委，并取代李立三成为实际上的中央主要领导人。

共产国际十月来信一改七月决议的基调，将李立三的错误上升为与国际路线对立的路线错误，并公开指责三中全会犯了"调和主义"错误。共产国际将立三错误升级的原因，一是立三"左"倾冒险策略已由"武装保卫苏联"演变为要求苏联全力支持中国革命，会把苏联卷入到世界大战中来，极不符合苏联的对外战略意图。二是李立三不听共产国际指挥，令共产国际大为恼火，更是国际纪律所绝不允许的。因此，共产国际对"立三路线"要彻底打倒。共产国际得到三中全会对李立三的温和处理和对"立三路线"的温和批评的信息后，很不满意。共产国际全盘否定三中全会，矛盾直指瞿秋白。一是共产国际原指望瞿秋白回国后"赶掉李立三"和"其他赞成他的重要成员"，让王明等人取代李立三担任中共中央的领导工作。但瞿秋白没有照办，三中全会后李立三仍留在政治局内，王明未能进入中央，使共产国际认定瞿秋白是个两面派。二是共产国际希望三中全会指出"立三路线"是原则性错误，但瞿秋白不赞成这种看法。瞿秋白对李立三错误的态度，使共产国际产生了遭到蔑视的感觉，认为无论李立三还是瞿秋白都不应该再留在中共的领导层内。于是，四中全会上李立三、瞿秋白都被开除出中央政治局。

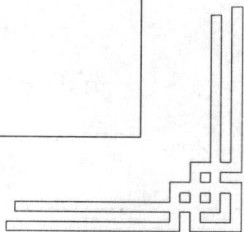

（四）王明一步登天

共产国际东方部部长米夫特别器重教条宗派主义者王明。从六大起，共产国际就已经开始栽培以王明为代表的留苏学生，认为他们有高深的马列主义素养，是能够忠实地贯彻国际路线的真正的布尔什维克。1929 年年底，王明等人回国后并未受到重视。瞿秋白主持召开六届三中全会，开始实际主持中央工作，王明又没达到夺权的目的。这令共产国际十分震怒，十月来信不仅置李立三于死地，而且彻底否定了瞿秋白。共产国际将十月来信这样的机密有意透露给沈泽民等人，使他们回国后及时将内情告诉了王明，为王明提前下手赶写《两条路线》小册子，并向中央发难创造了有利条件。

为确保自己的组织意图得以实现，共产国际派米夫前往中国担任全权代表，一手操纵四中全会，全程监控，将王明"扶上马"并"送一程"。1930 年 12 月 10 日，共产国际代表米夫到达上海后，立即着手做了四件事，保王明进入政治局，实际上掌握了中央的最高领导权。

一是单独召见王明，听取汇报。米夫抵达上海后，首先召见王明，认真听取了王明等人的汇报，详细征询他们对解决中共党内问题的意见，制订出完成自己使命的方案，然后按"分工合作"的要求，对王明等人要做的事情面授机宜，亲自指点。王明心领神会，立即行动，一面攻击和他共同要求召开中央紧急会议的罗章龙等人，一面把反对三中全会和瞿秋白的活动抢先捅到全党，并修改了《两条路线》小册子，增补许多符合国际精神的内容，从而为自己捞取了抢班夺权的政治资本。

二是以国际代表的特殊身份，压制中共中央取消召开紧急会议的决定，改为召开四中全会。因为王明等人在党内很孤立，而瞿秋白在党内还有一定威信，有长期革命经验的何孟雄

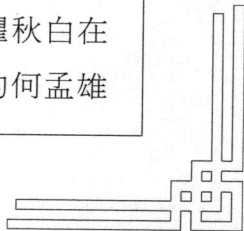

和控制全总党团的罗章龙都有一定实力。召开紧急会议，很难控制多数，没有充分把握使王明等人占据中央领导地位。所以米夫决定改召开紧急会议为召集四中全会，认为这样比较有把握把王明推上台。12 月 14 日，中央政治局被迫收回成命，接受米夫的"建议"，决定召开六届四中全会以解决中央领导问题。自此，米夫包揽了筹备四中全会的重要工作：自己起草四中全会决议；拟定了以远东局、中央政治局名义提出的中央委员、候补委员、政治局委员候选名单；拟定了参加会议的人员，规定除中央委员、候补委员和各地各部门的代表以外，还要让莫斯科回来的学生代表参加，而且享有表决权。这样的强硬规定，从组织程序上保证了四中全会按米夫的个人意志顺利进行。

三是压制中央撤销对王明等人的处分，为其上台铺平道路。米夫一到上海就对中共中央施加压力，吹嘘王明在中山大学的斗争中已是一个天才的领导者，中国革命没有他是不行的，给这样的人纪律处分无疑是中央领导的错误。在米夫的催逼下，中央于 12 月 16 日作出决议，正式撤销了对王明等人的处分，为王明等人"翻了案"。于是，王明便成了反"立三路线"的英雄，并被委以重任。

四是打击三中全会后的中央，为王明上台扫清障碍。四中全会上，李立三、瞿秋白、罗迈（李维汉）退出政治局；王明一步登天，成为政治局委员；向忠发虽保住了总书记职务，但实际掌权的却是王明。米夫以共产国际代表的身份，对中国共产党的组织领导进行粗暴干涉，中央领导机构被大换班。此时共产国际对中共的组织控制达到了登峰造极的地步。1931年 2 月，米夫又提议王明为政治局常委。6 月，米夫又推荐王明填补向忠发的空额，担任党中央代理总书记。于是，共产国际通过王明控制中共，使第三次"左"倾机会主义统治中央达四年之久，党和革命事业遭到惨重损失，教条主义、宗派主义盛行，毛泽东代表的正确路线遭到错误批判，严重地阻碍了党成熟的脚步。

共产国际六大后进一步加强了对中国共产

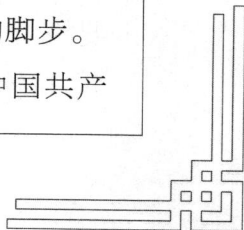

党的全面控制，从思想上禁锢了中国共产党人的头脑，从组织上培养了一批唯共产国际和苏联之命是从的教条宗派主义者。以毛泽东为代表的优秀共产党人对共产国际的思想禁锢和组织控制进行了坚决斗争，终于在遵义会议上打破了这种严密监控，确立了第一代领导集体的历史地位。

（五）共产国际最终作出正确抉择

共产国际支持三次"左"倾路线统治中共中央，使真正代表正确路线的实事求是派毛泽东遭到了错误的批判和接连的打击。但是，共产国际对毛泽东的支持也从未间断，在遵义会议之后，最终于延安时期作出正确抉择，使毛泽东成为第一代领导集体的稳固核心是至关重要的。

首先，共产国际的关爱，使毛泽东的政治

地位不断提升。共产国际执委会书记布哈林在八次全会报告中大段引用了毛泽东关于农民运动的许多思想，称赞毛泽东，"报告写的极为出色，很有意思，而且反映了生活"。共产国际的高度评价，不仅使毛泽东在党的五大上重新进入中央委员会，而且进入中央领导层，成为政治局候补委员。由于共产国际的重视，曾任五大候补中央委员、1927 年 11 月被撤销政治局候补委员职务的毛泽东，在六大上晋升为中央委员。

1930 年 5 月后，斯大林在同周恩来的谈话中提出了搞武装割据、建立根据地的想法，公开肯定毛泽东的革命方式，进一步提高了毛泽东的声誉。六届三中全会上，毛泽东又一次成了政治局候补委员。四中全会后，中共中央提议由创建中央苏区并为苏区党政军最高负责人的毛泽东担任中华苏维埃共和国临时中央政府主席。1931 年 11 月 7 日，毛泽东成为苏维埃中国的最高政治领袖。

其次，面对第三次"左"倾中央对毛泽东

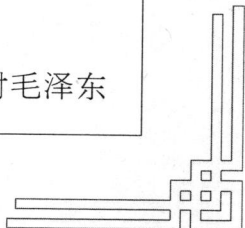

的排挤打击愈益升级，共产国际则力保毛泽东。当临时中央明显地排斥毛泽东时，共产国际再度出面肯定毛泽东的政治地位和指挥才能，并作出了反对任何对毛泽东排挤打击的明显暗示。

1934年1月中旬召开的六届五中全会上，毛泽东被提升为政治局正式委员。

二苏大后，共产国际和苏共中央领导人对毛泽东在二苏大上以上届政府主席名义所作的报告和结论给予了高度评价，并立即指示有关部门迅速印制，广为散发。

红军长征后，共产国际在相关文件和报刊当中，又开始统一口径，把毛泽东称为"年青的中华苏维埃共和国中富有才干和自我牺牲精神的战士、伟大的政治家和军事家"。这种支持，是确保毛泽东成为领导核心的不可缺少的强有力的外部力量。

最后，共产国际七大为毛泽东定位。1935年7月共产国际七大召开时，尽管还不知道毛泽东已在遵义会议上进入了党中央领导核心，但毛泽东的名字却破天荒地排在了共产国际总书记季米特洛夫、共产国际名誉主席台尔曼的后面，成为与这两位国际共运最杰出的领导人并列的唯一一位中共领导人。

遵义会议后，以毛泽东为核心的党中央也在积极协调与共产国际的关系，多次派代表到莫斯科向共产国际汇报，以求得理解与支持。第一位是陈云，中央政治局常委，早在中央苏区时就认识到了毛泽东路线的正确，遵义会议上明确支持毛泽东。1935 年 8 月，受党中央和毛泽东派遣，赴莫斯科向共产国际详细汇报了中国共产党和红军领导人的变化及新的路线和策略，使共产国际了解了实情，对确立毛泽东在党和红军中的领导地位做出了贡献。第二位是王稼祥，政治局委员，毛泽东的坚定支持者，1937 年 7 月被中央派人护送到苏联治病，9 月间参加中共驻共产国际代表团，尤其是 11 月接任代表团团长后，经常发表文章，在代表团和共产国际的多种会议上作报告，宣传中共中央的路线、方针、政策和毛泽东的思想，不

失时机地或当面或书面向斯大林、季米特洛夫等领导人汇报遵义会议后中国共产党的路线和毛泽东的正确领导，这对于取得共产国际对中国共产党和毛泽东的了解和支持，起到了积极的作用。第三位是任弼时，政治局委员，八路军总政治部主任，在抗战的路线问题上一直拥护毛泽东。任弼时的积极工作，在很大程度上加深了共产国际对毛泽东的认识，对确立毛泽东在中共党内的领导地位起了很大作用。正是因为王稼祥、任弼时不辱使命，共产国际才最后作出了制止王明、支持毛泽东为中共领袖的口头指示。从莫斯科回到延安的王稼祥在六届六中全会上如实地传达了共产国际领导人季米特洛夫的口头指示，批判了王明的右倾错误，肯定了毛泽东在全党的领导地位。任弼时接替王稼祥担任中共驻共产国际代表团团长后，恪尽职守，经常撰文宣传中共的方针政策和毛泽东的思想，对共产国际进一步了解毛泽东、坚定不移地支持毛泽东做出了重大贡献。

四、共产国际与马克思主义中国化

（一）共产国际在中国共产党创立和大革命时期对马克思主义中国化起到了积极推动作用

在中国共产党创立和大革命时期，虽然共产国际没有自觉认识到要把马克思主义中国化，但它在指导中国革命斗争的实践中，为了

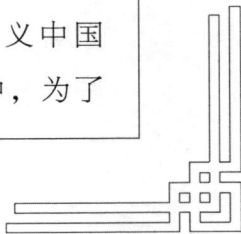

制定出既符合马列主义原理，又符合中国国情的方针政策，势必要努力以马列主义观点观察中国革命实际，在某种程度上使马列主义与中国实际相结合。这在客观上对马克思主义中国化的历史进程起到了积极的推动作用。这种推动作用体现在以下几个方面。

首先，在中国共产党的婴幼时期，共产国际帮助指导制定的重大政策与策略，实际上是对中国共产党以马克思主义指导中国革命的一种必要的有益扶植。在共产国际帮助下建立起来的中国共产党，成为共产国际的一个下属支部。这种严格的上下级关系，虽在以后产生了种种的消极作用，但对处于婴幼期的中国共产党来说却是需要的。这是由于中国共产党人缺少理论准备，他们只是在较短时间内受到马克思主义关于社会革命理论的影响，便立即投入到轰轰烈烈的革命斗争中，既没有领导革命的经验又不懂得马克思主义与中国实际相结合的原则，这种情况下由共产国际帮助中国共产党制定政策策略，是无可非议的。初生的中国共产党对国情的了解不够，如何以共产主义思想指导中国革命，中国是个什么性质的社会，能否立刻实行社会主义革命，经过什么步骤才能达到社会主义等问题，他们都还认识不清。这种时候根本不可能奢谈独立地把马克思主义与中国实际相结合的问题。

其次，共产国际承认各国党的独立性和列宁关于东方各国党要善于把共产主义一般理论与实践用于本国条件的号召，对中国共产党把马克思主义中国化具有重要的启蒙作用。共产国际在其成立最初的几年，虽然也强调各国党对其具有服从指导和执行决议的义务，但它承认各国党的相对独立性，允许根据本国国情制定策略的差异性。在《致法国独立社会民主党的呼吁书》中，列宁和其他领导人联合宣布："共产国际完全承认每一个党的独立性"，"承认每个党在本国健康发展所必需的范围内的自治。"在指导各国党的革命斗争时，列宁强调，共产国际"只是在可能的情况下，才对某些问题做出全体成员都应当执行的决议"，而且在

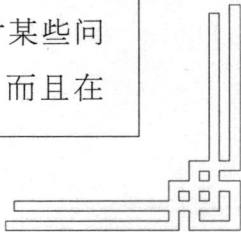

作决议时"必须考虑到各党斗争和活动中的条件"。特别值得指出的是，列宁还鼓励东方各国共产党人"必须以一般共产主义的理论和实践为依据"，"善于把这种理论和实践应用于主要群众是农民，需要解决的斗争任务不是反对资本而是反对中世纪残余这样的条件"。共产国际承认各国党的独立性和列宁的鼓励，无疑促进中国共产党产生把马克思主义与本国实际相结合的意识。因而，它也是列宁和共产国际帮助中国共产党人把马克思主义中国化的重要启蒙。于是，1922 年年初，中国共产党人才能够提出"努力研究中国的客观的实际情形，而求得一最合宜的解决中国问题的方案"的结论。并认识到中国还处于"封建社会的状态"，"我们当信共产主义真理和阶级革命与无产阶级专政两大原则，而实行的手段当因时制宜"。这些认识说明，中国共产党人在应用马克思主义分析和解决中国革命问题方面有了一定进步。

再次，共产国际将列宁民族殖民地理论介

绍给中国共产党，并帮助分析中国国情，制定民主革命纲领和国共合作政策，这在客观上推进了马克思主义中国化的进程。1922 年召开的远东各国共产党及民族革命团体第一次代表大会，传达了列宁民族殖民地理论，并用以分析中国国情，指出中国革命的首要任务"是把中国从外国的压迫下解放出来"，"推翻督军统治，建立单一联邦制的民主共和国"；在共产党和各民族革命政党之间的关系问题上，阐明了"我们支持所有的民族革命运动"的思想。受这次大会启发和会后继续得到共产国际的帮助，中国共产党人运用列宁的民族殖民地理论提供的观点和方法，研究中国革命的实际问题，在短短几个月时间里就得出了中国革命"应分两步去做"：第一步是反对帝国主义和封建主义，"促成中国真正独立"；第二步是"推翻有产阶级的统治"的结论。随后召开的党的二大，放弃了曾经一度高举的直接进行社会主义革命的大旗，而打出了先进行反帝反封建革命，再进行社会主义革命的旗帜。党的二大纲

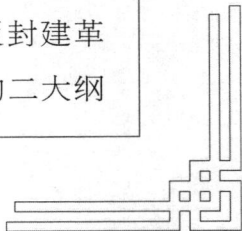

领尽管对于两个革命阶段的关系还不甚清楚，但毕竟是中国共产党人把马克思主义与中国革命实践进一步结合的重大成果，它表明党运用马克思主义的能力有了迅速的提高，为对新民主主义革命的探索在思想理论上创造了有利条件。列宁民族殖民地理论不仅为中共二大制定民主革命纲领指明了方向，而且也为以后毛泽东新民主主义学说的形成奠定了马克思主义的理论基础。

这里应当指出的是，共产国际在大革命时期具体实施统战政策的指导上，对资产阶级右翼势力的反共倾向只强调团结不主张斗争，其结果导致了大革命的惨重失败。这说明仅仅依靠一个远离中国实际的国际中心和它派出的全权代表，要认真做到把马克思主义与中国实际正确结合是不可能的。

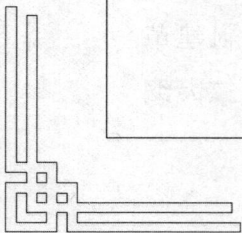

（二）共产国际在土地革命战争时期 对马克思主义中国化 主要起到了消极阻碍作用

土地革命战争时期，共产国际及时地帮助中国共产党实行了政治战略的转变，在客观上为红军和农村根据地的建立创造了前提，这对于马克思主义中国化起到了一定的积极作用。另一方面，这一时期共产国际的主要倾向，则是对中国共产党实行思想禁锢和组织控制，反映在马克思主义中国化的问题上，无疑起到了消极作用。

对于中国革命，斯大林有两个著名论断："武装的革命反对武装的反革命"是"中国革命的特点和优点之一"；土地革命"是中国革命新阶段基本的、内在的社会经济内容"。尽管斯大林这里所说的革命武装意在指国民党的

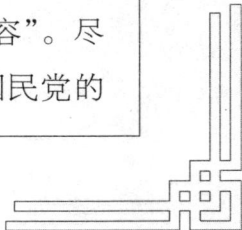

武装，但它在实际上承认了中国革命有不同于俄国十月革命的自己的内容和特点，是属于另一种类型的革命。这就既为大革命失败后共产国际及时帮助中国共产党制定武装斗争和土地革命方针提供了理论依据，也为中国共产党人自觉地实行革命转变、探索具有本国特色的革命道路提供了思想武器。实行土地革命，开展武装斗争的方针，确实把握住了中国革命的实质和基本特点，是把马克思主义基本原理与中国实际结合应当得出的结论，并在客观上为红军和农村根据地的建立创造了前提。而一旦有了农村根据地这个新生事物，便必然会产生关于中国革命的新的观念。正是在实行土地革命，开展武装斗争的战略前提下，毛泽东才得以在秋收起义失利之际，自觉地将队伍引向敌人力量薄弱的农村，造成武装割据，迈出了在探索革命道路问题上真正将马克思主义原理与中国实际紧密结合的关键一步。

斯大林推导出的"三阶段论"和关于世界资本主义进入"第三时期"的理论结合在一

起，成为中国共产党内一次比一次更"左"的三次"左"倾错误的理论根源。为了使各国党崇尚共产国际的权威，随着苏联党的指挥棒转，共产国际还对各国党加紧了控制。早在1925 年 3 月，斯大林就宣称：否认或缩小共产国际的干预权利，"那就是为共产主义的敌人效劳"。共产国际六大使这种控制进一步加强。斯大林更干脆以苏联利益为标准衡量各国党是否革命，他宣布，"谁绝对地、无条件地、公开地和忠实地捍卫苏联，谁就是革命者"，反之，"谁就必然要滚到革命敌人的阵营里去"。这些以我画线、自以为是的做法和想法，不但使得依靠斯大林和共产国际把马克思主义与中国革命实践相结合、解决中国革命道路问题成为不可能，而且从思想上禁锢了中国共产党很大一部分人的头脑，窒息了马克思主义的思想作风，助长了教条主义的盛行；从组织上则培养了一批唯苏联和共产国际之命是从，自我标榜为"百分之百的布尔什维克"，不懂得把马克思主义和中国实际相结合，却又要对从事这

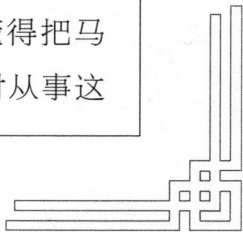

种结合的探索动辄进行"残酷斗争、无情打击"的宗派主义者。所有这些，极大地阻碍了马克思主义中国化的历史进程。

大革命失败不久，中国共产党内便有人对将中国革命与十月革命进行简单模仿和机械类比提出了疑问，并初步认识到必须实行区别于俄国革命模式的中国革命自己的形式。毛泽东在领导秋收起义攻打中心城市失利后，所以毅然地将部队引向井冈山，就在于他心里已明确无疑："上山"可以造成割据。蔡和森也旗帜鲜明地反对在中国照着十月革命的"葫芦画瓢"，他在 1928 年年初即明确指出：俄国 1905 年到 1917 年的革命是资产阶级民权革命的一种历史模型。中国的国际地位与俄国完全不同，中国革命将成为殖民地资产阶级民主革命模型。因此，不能"机械地利用俄国革命的经验"。

由于有了"上山"可以造成割据和不能机械地利用俄国革命经验的思想基础，毛泽东写出《中国的红色政权为什么能够存在?》、《井冈山的斗争》等符合国情而又具有反教条主义精神的文章，提出"工农武装割据"的思想。到 1930 年上半年，当毛泽东等人正确解决了红军的建设、游击战争的战略战术、红色政权的建立、扩大和巩固根据地的方法、红军和根据地党的建设等问题后，便提出了一系列有关中国革命的新的概念，并且对把马克思主义与中国实际相结合有了深刻的感受和认识。旧的模式已经打破——毛泽东在《星星之火、可以燎原》中明确否认共产国际的首先争取群众，然后在中心城市武装起义夺取政权的模式是不适合中国国情的——随之产生的便是对共产国际权威的动摇和自觉地起来同当时国际共产主义运动及中国共产党内盛行的把马克思主义教条化、把共产国际决议和苏联经验神圣化的错误倾向进行严肃的斗争。毛泽东为此写了《调查工作》（即《反对本本主义》）一文，文章既肯定必须读马克思主义的本本，又旗帜鲜明地反对本本主义，强调必须用马克思主义的立场、观点、方法分析中国革命实际。其中，"没有调查、就没有发言权"、"中国革命斗争

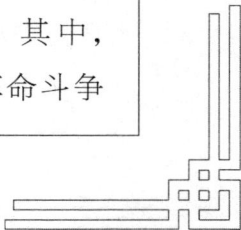

的胜利要靠中国同志了解中国情况"的论断，既有自觉也是自信，表明中国共产党人不仅明确认识到了必须反对教条主义、把马克思主义与中国革命实践相结合，实事求是，而且认识到了不能单纯依靠共产国际远离中国革命来实现马克思主义与中国实际的结合，只能依靠中国共产党人自己独立自主地完成。

正是共产国际的思想禁锢和组织控制导致了第五次反围剿的失败，从而亦宣告了这种思想禁锢和组织控制的瓦解。

（三）共产国际在抗日战争时期对实现马克思主义中国化提供了重要外部条件

遵义会议以后及抗日战争时期，共产国际在马克思主义中国化的进程中，虽然有所干扰，但还是为中国共产党提出和实现"马克思主义中国化"这一历史任务提供了重要的外部有利条件。

　　遵义会议对于马克思主义中国化的历史进程具有特殊重要的意义。首先，这次会议第一次以党中央政治局的名义肯定了毛泽东从中国革命战争特点出发提出的战略战术原则，实际上肯定了毛泽东把马克思主义与中国革命实践相结合的成果，从而表明，党已在很大程度上摆脱了把马克思主义教条化，把共产国际决议和苏联经验神圣化的思想束缚。其次，遵义会议实际上确立了毛泽东的领导地位，使他所代表的新鲜活泼的创造性的马克思主义学风能够在全党范围内得到广泛的提倡，并逐渐在党内占统治地位。再次，遵义会议基本理顺了中国共产党和共产国际的关系。这次会议是在没有共产国际及其代表干预的情况下召开的，中国共产党独立自主地应用马克思主义基本原理总结中国革命经验，解决中国革命问题，批判和纠正了教条主义在军事上的错误。会议以后，中国共产党对共产国际和斯大林的指示，采取了正确的就执行，错误的就抵制的态度，实际

上使党摆脱了对共产国际的依赖，挣脱了共产国际的控制。可以说，遵义会议既是毛泽东思想从形成走向成熟的新起点，同时也是马克思主义中国化历史进程中的转折点。

共产国际对遵义会议及其成果，并没有积极地反对，而是采取了默认的态度。主要原因在于共产国际正在准备实现策略转变和工作方式转变。共产国际七大便是这种策略转变和工作方式转变实现的标志。它宣布，共产国际在解决一切问题时要根据每个国家的具体情形和特点，一般的不要干涉各国共产党内部组织上的事宜。不要机械地把一国经验搬到别国去，不要用呆板格式和笼统公式去替代具体的马克思列宁主义分析。

如果说，遵义会议从中国共产党内部在组织上、作风上为全党最终走上把马克思主义中国化的道路准备了条件，那么，共产国际七大则从外部放松了组织控制、解脱了思想束缚，为中国共产党人独立自主地、创造地实践把马克思主义与中国实践相结合的原则提供了重要条件。正是在这一基础上，当时的中共主要负责人张闻天才得以顺理成章地提出，对于共产国际的决议，"我们应该使之民族化，使之适合于我们的具体环境"的思想和任务。中国共产党使共产国际决议"民族化"取得了重大成果：它不但提出抗日民族统一战线问题，而且在经过一系列相应的政策调整后，确确实实地把这个统一战线建立了起来；它不像欧洲的人民阵线那样，接受的是共产国际反法西斯统一战线的具体内容，而是只接受共产国际反法西斯统一战线的思想和各国党根据国情自己解决问题的原则；从实践的结果看，同是一个反法西斯统一战线政策，"在欧洲，这个政策事实上使革命力量服从于'资产阶级民主'，在中国，毛与蒋的联盟不仅没有妨碍革命力量的独立而且还使革命力量成功地扩大了政治潜力和军事实力"。通过把共产国际决议"民族化"的成功实践，加之共产国际也强调必须用马克思主义对每个国家的具体情况和特点进行具体分析，中国共产党人便开始了把马克思主义

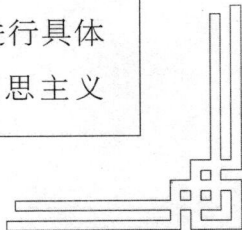

ZHONG GUO GE MING YU GONG CHAN GUO JI

"民族化"的问题。

　　但是，共产国际七大关于必须对每个国家的具体情况进行马克思主义的分析和反对公式化的规定，还只是作为对自身工作的原则提出来，并没有提高到作为各国党的思想路线的高度来要求。同时，共产国际并未真正放弃它在政治上和组织上对各国党的监控权利，它仍然坚信只有通过它根据每个国家的情况和特点为各国党制定的政治路线和策略路线，才是真正的马克思主义路线。因此，当中国共产党在抗日民族统一路线上执行了坚持独立自主原则，放手发动群众，开展游击战争，建立敌后根据地的政策时，共产国际便认为中国共产党的方针、原则和某些做法不能贯彻国际意图，必须派出"熟悉国际形势的新生力量"去帮助中共中央"纠正错误"，可结果却不理想。这样，共产国际便陷入了既反对公式化又强使各国共产党要按照反法西斯统一战线的公式制定方针政策的矛盾之中。

　　1938年下半年召开的党的六届六中全会，

是决定命运的会议。共产国际终于承认朱德、毛泽东等领导八路军执行了党的新政策，中共的政治路线是正确的，中共在复杂的环境及困难条件下真正运用了马列主义，并明确表态中国共产党要在毛泽东的领导下实现全党的团结和统一。共产国际的这一表态对中国共产党克服王明"左"倾错误，及为"马克思主义中国化"任务的提出提供了契机。

毛泽东抓住这一有利时机，立即向全党提出"使马克思主义在中国具体化"的任务。所谓马克思主义在中国具体化，内容有两个方面：首先是作为思想原则，"使之在其每一表现中带着必须有的中国的特性，即是说，按照中国的特点去应用它"；其次是具有一定的民族形式，即"洋八股必须废止，空洞抽象的调头必须少唱，教条主义必须休息，而代之以新鲜活泼的，为中国老百姓所喜闻乐见的中国作风和中国气派。"毛泽东这时候将"马克思主义在中国具体化"提上议事日程，一方面是共产国际的表态在组织上提供了有利条件，但更

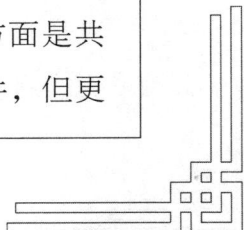

主要的直接的动因还在于肃清教条主义的影响确实已成为紧迫的任务：遵义会议后一直没有来得及对教条主义的政治路线进行思想理论上的清算；王明在党内还有一定消极影响。

鉴于此，"使马克思主义在中国具体化"的任务提出后，毛泽东等人从各个方面作了大量的艰巨工作，有效地推进这一任务的实现：在实践上，一改教条主义者以所谓"国际利益"实际是以苏联利益为出发点考虑问题的做法，立足于中国实际，从中国革命的实际需要和客观可能出发，将民族利益和中国革命利益放在第一位，正确处理国际主义和爱国主义的关系，以此为基点来制定和完善党的各项方针政策；在理论上系统地总结了党成立以来在统一战线、武装斗争、党的建设三个基本问题以及中国革命的发展方向和历史地位，即民主革命和社会主义革命两者关系方面的经验，提出了完整的新民主主义革命的理论和政策，使马克思主义中国化的理论成果——毛泽东思想达到成熟；在组织上，从 1941 年 9 月开始在党的最高层展开对党内教条主义领导人王明等人的思想斗争；在学风上，通过延安整风，对全党进行马克思主义教育，批判教条主义、宗派主义和党八股，树立起马克思列宁主义必须与中国实际相结合即实事求是的思想原则。

对中国共产党把马克思列宁主义中国化，共产国际是持怀疑的、不满意的态度。他们认为中国共产党依靠农民，对工人估计不足，这给党的意识形态、口号及对革命政治任务的理解打下了烙印，民族主义倾向相当严重，国际主义团结感发挥得不够。他们担心中共以乡村为中心，远离工人阶级、不能够使党布尔什维克化。对于延安整风运动，他们将其理解为"反对周恩来和王明的运动"，认为"教条主义者这个叫法，体现出中共领导对苏联、马克思列宁主义和国际主义的公开厌恶"。到了抗日战争胜利前夕，苏联领导人甚至否认中国共产党是真正的共产党，说中共虽自称共产党人，但与共产主义不发生任何关系。所有这些，说明共产国际对中国共产党把马克思主义中国化

抱有根深蒂固的偏见。但是，中国共产党早已经是个成熟的党，这些偏见已不可能对它推进马克思主义中国化的历史进程造成多大阻碍和干扰了。通过延安整风运动和党的六届七中全会《关于若干历史问题的决议》的制定，特别是 1945 年中国共产党七大确立"中国的马克思主义"——毛泽东思想——为党的指导思想，表明：马克思主义中国化的思想原则已得到全党的承认和肯定——这两者的统一，标志着马克思主义中国化已基本实现。

综上所述，共产国际对马克思主义中国化的历史进程起到了积极的和消极的双重作用。在马克思主义中国化的过程中，以毛泽东为代表的中国共产党人，既汲取其经验和有益思想，又逐渐摆脱其控制，独立自主地把马列主义与中国实际相结合，探索中国特色的革命道路，从而逐步地实现了马克思主义中国化，形成和发展了毛泽东思想。作为中国革命的内在要求，马克思主义中国化在矛盾和曲折中开辟着自己的道路，其发生、发展和胜利是历史的必然。

五、共产国际与
中共三次"左"倾错误

共产国际自 1919 年 3 月 6 日成立，到 1943 年 5 月 15 日解散，它在 24 年历史的大部分时间内，都把"必须执行""共产国际代表大会及其执行委员会的一切决议"作为各国工人阶级政党加入共产国际的条件。直到 1935 年国际"七大"才开始改变这种集权主义的领导方法，规定各国党有权"独立地来正确解决共产主义运动的政治任务及策略任务"。对各国党的组织领导人选问题，一般也"不要干涉"。

中国共产党自 1922 年加入共产国际而成为国际的一个支部以后，同共产国际的关系都是上级与下级、领导与被领导的关系。中国共产党的主要领导人都是由共产国际提议或经其同意的，中国共产党的思想理论、路线政策都是与共产国际有着密切不可分割的关系。中共中央的重要决议、决策都得经国际审批或由国际代表直接参与制定。直到 1935 年 1 月遵义会议，我党才第一次独立自主地解决自己的路线和中央的人选问题。

如果说第一次大革命的胜利发展及其由胜利转向失败，中国共产党的领导机关在这一时期的成绩与错误，是与共产国际密不可分的话，那么土地革命战争时期也是如此。所不同的是，前者在大部分时间内，主要方面应当说是正确的或者基本是正确的；而后者在大部分时间内、主要方面则是错误的。两个时期错误的性质也有所不同：前者是右倾投降主义；后者是"左"倾冒险主义。共产国际在两个时期的领导方式上也各有特点：前者主要是靠往中国派"代表"和"顾问",直接参与中国共产党的重大决策及重大事件的处理;后者特别是在土地革命战争开始的一年以后,主要是选拔和决定中国共产党的领导人,并通过中共驻国际代表团在莫斯科直接实行领导。

共产国际在这个阶段对中国共产党的错误领导,主要是根据从国际"六大"到国际执委十次全会所形成的"左"的政治路线和组织路线。概括说来可分为两个方面。一方面是理论和政治路线方面,这主要是以共产国际关于资本主义总危机"第三时期"的理论为基础而确定的"进攻路线"。其中包括:在革命形势上的"左"的错误估计;在革命性质任务上对革命阶段的混淆;在革命道路上的"城市中心论";在斗争策略上的"打倒一切";以及在党内斗争上的一味地反"右倾"等。另一个方面,主要是对中国共产党的组织和领导人选的直接干预。从向忠发任总书记,到四中全会前后,共产国际直接为扶植王明"左"倾教条主义宗派集团取得对中国共产党的统治进行了一

系列活动。

土地革命战争期间，中国共产党内发生的三次"左"倾错误及中央人选的变化，都与共产国际有着直接的关系。以 1927 年 11 月中央临时政治局扩大会议为标志出现的瞿秋白"左"倾盲动主义，与当时共产国际派来的代表罗米那兹以及共产国际对中国革命的形势、中国革命的性质的错误认识有重要关系；李立三的"左"倾冒险主义，就其思想理论体系来讲，基本上也是来自共产国际的；后来出现的以教条主义为特征的王明"左"倾冒险主义，实际上完全是照搬共产国际的公式的。

（一）共产国际与瞿秋白"左"倾盲动主义

大革命的失败，严重地震动了中国共产党的领导机关，也极大地震动了指导中国革命的共产国际。实践证明，陈独秀的右倾错误给革命事业带来了严重危害，派来中国的国际代表和顾问如鲍罗廷、罗易等，也犯了严重的右倾错误。在这种情况下，共产国际便决定派遣新的国际代表罗米那兹来中国，取代鲍罗廷等对中国的指导。7 月 23 日，罗米那兹到达汉口后，即着手筹划中国共产党的紧急会议，以便审查旧的政策，确立新的方针，清算陈独秀的右倾，改组新的中央领导。在国际代表指导下召开的党的"八七"会议胜利地完成了这一历史任务，在革命的危急关头，起了非常重要的作用。但是，"八七"会议在反对右倾错误的同时，却也暴露出"左"的思想观点和情绪，这种"左"的东西的继续发展，到 11 月扩大会议时，便形成了"左"倾盲动错误在中央的统治。

第一次"左"倾错误的出现，就其思想理论体系来讲，与共产国际有密切关系。

首先，在革命形势与任务问题上，共产国际和斯大林对大革命失败后革命处于低潮的严重形势估计不足，认为中国革命正在走向新的

高潮，"只有瞎子和懦夫才会怀疑中国工人和农民正在走向新的革命高潮"。联共第十五次代表大会决议，尽管也承认中国革命"遭到暂时失败"，但又认为革命正在"积蓄力量"，"重新展开全线进攻"。

共产国际和斯大林对中国革命形势的错误估计，始终成为国际代表罗米那兹作为指导中国共产党的政策的主要理论依据。中国共产党的11月扩大会议，就是在国际代表罗米那兹直接参与下召开的。这次会议的重要内容是讨论罗米那兹的政治报告。罗米那兹在报告中反复强调革命形势的"不断高涨"，而中国共产党则完全接受了这个估计。在党的11月扩大会议的决议案中，认为"敌人的屠杀进攻，不但还不是革命的溃败，反而证明革命潮流之高涨"，"现在全国的状况，是直接革命的形势"，因而规定党的任务是"努力鼓动各地城乡革命的高潮，创造总暴动的局面"。这种错误的形势估计，成为执行国际"全面进攻"路线的主要依据。

其次，在革命性质与阶级关系问题上，应该指出，斯大林在 1929 年 7 月发表的《时事问题简评》一文，简单化地把中国革命划分为三个阶段的论述是不科学的，在实践上是有害的。斯大林认为，中国革命的第一阶段（广州时期），革命是全民族联合战线的革命，这时无产阶级的同盟者是农民、城市贫民、小资产阶级知识分子、民族资产阶级；但在革命的第二阶段上，蒋介石和民族资产阶级转到了反革命阵营，革命运动的中心由广州移到了武汉，这时无产阶级的同盟者是农民、城市贫民、小资产阶级知识分子；当武汉的汪精卫也叛变了革命，小资产阶级的知识分子脱离了革命以后，革命便进入了第三阶段，这时无产阶级的同盟者则是农民和城市贫民。罗米那兹完全是按照斯大林的这一公式来指导中国革命的，并且把它发展成为所谓的"无间断"革命论。罗米那兹说过，"广州时期是四个阶级联合，武汉时期是三个阶级联合，南昌起义时只有工农，是两个阶级，中间不经任何停留，不经任

何阶段，一直发展下去，就是社会主义革命"。

斯大林关于中国革命"三阶段"的理论，导致了对革命性质的混淆和政治策略上的"左"倾。这主要是由于他把蒋介石看作是民族资产阶级的代表，把汪精卫看作是小资产阶级的代表。因此，在蒋介石、汪精卫相继叛变革命以后，不能正确指出中国社会阶级关系的基本格局和革命所要依靠和应该团结的力量。党的11月扩大会议完全接受了这种观点，混淆了民主革命和社会主义革命的界限，认为中国革命是"无间断"的革命，"这一革命必然是急转直下从解决民权革命的责任进于社会主义的革命"。

由此可见，中国共产党的第一次"左"倾错误的出现，与共产国际及其代表罗米那兹的"左"的错误是有密切关系的。不久，共产国际第九次执委扩大会议又帮助中国共产党纠正了瞿秋白的"左"倾错误。

为什么主要来源于共产国际及其代表的错误指导而形成的中国共产党的第一次"左"倾

错误，不久又受到共产国际的批评和纠正呢？为什么在仅仅相隔三个月的时间，共产国际对中国革命的指导政策却有如此大的变化呢？首先，瞿秋白"左"倾错误的推行，给革命带来很大的危害，因而一开始就引起党内许多同志的批评和非议，这一点共产国际是知道的；其次，广州起义失败后，严酷的阶级斗争形势，促使共产国际不得不重新考虑对中国革命政策的指导；加上这个期间，在共产国际和联共党内部开展了关于中国革命的路线政策问题的争论。所有这些都为共产国际进一步了解和研究中国革命的性质、任务和革命策略等问题提供了必要的条件。在这种情况下，1928 年 2 月召开的共产国际第九次执委扩大会议，才通过了由中共驻共产国际代表团和共产国际、斯大林等共同起草的《关于中国问题决议案》。该《决议案》否定了罗米那兹的"左"倾主张，批评了瞿秋白的盲动主义，对纠正中国共产党的第一次"左"倾错误起了重要作用。4 月 30 日，中共中央政治局在讨论国际决议案的基础

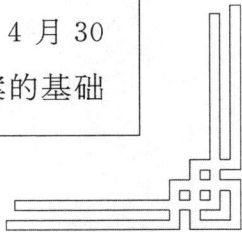

上，发出了中央通告第四十四号——关于共产国际执行委员会 2 月会议中国决议案的几个问题，表示"接受这一决议案之一般方针"和"切实执行这个决议案必要的具体步骤"。这样，到 1928 年 4 月，中国共产党的第一次"左"倾错误便在全国范围的实际工作中基本上结束了。

（二）共产国际与李立三"左"倾冒险主义

李立三的错误是在中国革命胜利发展形势下出现的、以冒险主义为主要特征的中国共产党的第二次"左"倾错误。这次"左"倾错误尽管在党内受到抵制以后，也受到共产国际的批评，并在国际的帮助下得到了纠正，然而就其主体思想说来，却来源于共产国际。

首先，共产国际"第三时期"理论和它的"进攻路线"是立三中央"左"倾冒险主义战略总方针的理论依据。国际"六大"提出的关于资本主义总危机的"第三时期"理论，对国际共产主义运动和殖民地半殖民地民族解放运动发生了重大影响，一方面，它对于鼓舞和推动世界各国无产阶级和被压迫民族起来反对资本主义和帝国主义的剥削和压迫的斗争有一定积极意义；另一方面，它却成为李立三"左"倾冒险主义的理论依据。1930年上半年，李立三在党刊上连续发表许多散布"左"倾观点的文章，对"第三时期"理论也多次进行表述。李立三强调在分析中国革命形势时应当特别注意两点基本认识，"第一，资本主义是普遍的危机，而不只是某一国的危机；第二，目前世界的形势要发展成为世界直接革命形势——世界武装暴动的形势，是必然的，并不只是可能的"。他在中央行动委员会的报告中，又进一步阐述了共产国际关于"第三时期"的理论及其对中国革命的影响，指出："世界革命的第三时期的特征，是世界资本主义之一切内外矛盾的紧张，整个经济制度严重的危机，显然表

示要急剧走向崩溃与死亡", 是"整个世界革命迅速发展的时期"。由于"国际上矛盾都集中于中国, 所以造成中国之一切政治与经济的危机", 因而决定了中国革命的"大爆发"。正是在这种对形势估计的基础上, 立三中央便进一步制定了举行武汉、南京武装暴动和上海总同盟罢工、实现一省或数省的首先胜利、建立全国革命政权的战略总方针。这个战略总方针虽然不是国际的直接指示, 但它却是从共产国际"第三时期"理论、进攻路线, 以及对中国革命形势"左"的估计中引申出来的。

其次, 俄国城市武装起义经验的绝对化是李立三坚持"城市中心"的模式。十月革命的胜利为全世界无产阶级革命提供了具有普遍意义的基本经验, 这就是武装夺取政权的经验。但共产国际没有正确地推广十月革命的基本经验, 而把它提供的先城市后农村武装夺取政权的具体经验加以绝对化, 机械地向各国推广, 要求各国党都要按照俄国城市武装起义的模式进行革命。这就给那些与俄国国情不同的国家、特别是殖民地半殖民地国家的革命带来严重危害。

共产国际对于中国革命必须走农村包围城市最后夺取全国胜利的道路这一反映中国革命规律的理论与实践，在很长时期内不认识不理解，他们强调城市的工人罢工、农村的"农民骚动"、军阀军队中的兵变，都要"围绕城市"暴动，并且由此要求中国共产党，要"用布尔塞维克的坚定精神和一贯精神，用列宁主义的坚持精神，去准备和组织武装起义"。一句话，就是要用国际的城市中心观点指导根据地和红军的斗争。

李立三在中国革命道路问题上，也认为"乡村是统治阶级的四肢，城市才是他的头脑与心腹，单只斩断了他的四肢，而没有斩断他的头脑，炸裂他的心腹，还不能制他的最后的死命"，而"斩断统治阶级的头脑，炸裂他的心腹的残酷的斗争，主要是靠工人阶级最后的激烈斗争——武装暴动。所以忽视组织工人的斗争，忽视准备工人阶级的武装暴动，不只是

策略上的严重错误，而且会成为不可饶恕的罪过"。并明确提出了"组织全国武装暴动夺取政权的任务"，规定了"以武汉为中心的附近省区的首先胜利，是目前党的策略总路线"。他随后制定的城市暴动和总同盟罢工的冒险计划，就是"城市中心"指导思想和俄国城市武装起义模式的重要体现。实践证明，走城市武装起义的道路，在俄国类型的国家里是正确的，但如果把这一经验绝对化，机械地搬到中国，则是行不通的，是有害的。

再次，联共反布哈林的斗争，为立三中央定下了反倾向斗争的基调。1929 年斯大林在共产国际和联共内开展反布哈林的所谓右倾的斗争以后，在国际共产主义运动中造成了一种强大的政治声势，严重地影响到中国共产党的反倾向斗争。从 1929 年 2 月到 10 月间，共产国际曾连续给中国共产党发来一系列指示，要求中国共产党坚决开展反右倾的斗争。2 月 8 日，《共产国际执行委员会与中国共产党书》中在分析中国共产党内状况时就指出，盲动主义

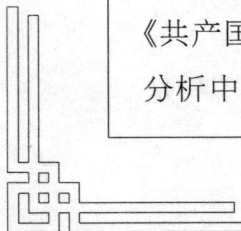

"在过去一年中已经失去了它发生的基础"，"在现在的环境之下的特别危险的是右倾"。6月，《共产国际执委政治处关于中国问题的决议案》中也提出了反右倾的任务，指出"在党的面前，摆着这样的任务，就是要在斗争的本身过程中，准备和收集力量，去迎接最近将来的决战；因此党就应当真正用革命精神去尽量发展成千百万群众的革命毅力和斗争——在这种条件之下，主要危险是右倾机会主义的倾向"。同年10月26日，共产国际在给中国共产党的信中，进一步强调指出，中国共产党的"盲动主义的错误在大体上已经纠正过来"，"现时党内主要的危险是右倾机会主义的心理和倾向"。

在共产国际这种反右倾的政治气氛的冲击下，立三中央反右倾的气氛高涨。4月间，李立三强调指出："目前主要的危险仍然是对革命形势估量不足的右倾观念。"他认为"'左'倾的观念，只要还没有犯到过早暴动的策略上的严重错误的时候"，"还不会有害群众斗争；

可是对革命形势估量不足的右倾错误，不要说连到策略问题，就是这种观念本身已是灰懒群众斗争的勇气与决心，已经是帮助统治阶级松懈革命阵线缓和革命斗争的最好方法，所以我们应当严厉的指斥这种观念的错误"。从这里可以看出，李立三不顾中国革命实际，把国际反右倾的口号接受过来，并且极力宣传"左"比右好、宁"左"勿右的错误思想。作为"立三路线"形成标志的 6 月 11 日决议，则更进一步强调了反右倾斗争，认为当前执行中央进攻路线的最大障碍"便是与这一总路线绝不相容的右倾观念"，如果"不克服一切右倾的思想，党的路线与策略决不能有充分的执行"。甚至在反右倾的旗号下，排斥和打击那些批评和抵制立三错误的同志，并且公然宣称："我们禁止对于政治问题的自由批评"，严重助长了党内宗派思想的发展。

由此可见，构成立三"左"倾错误的主体思想的主要内容，即"左"倾冒险的战略总方针、城市中心的道路以及错误的反倾向斗争等，基本上来源于共产国际。这是共产国际与立三"左"倾错误关系的主要也是基本的方面。

共产国际与立三"左"倾错误关系的另一方面，是他们之间还有矛盾和分歧。他们在哪些问题上存在分歧呢？

第一，在城市暴动的形势分析上，立三中央认为：中国革命形势的发展从表面上看，虽然存在着不平衡的现象，然而"从工人阶级斗争的实质与广大群众的政治觉悟"上看，"无论是城市与乡村"，"无论在南方与北方"，阶级斗争都是"同样的尖锐"。"中国经济政治的根本危机，在全国任何一处都是同样继续尖锐化，没有丝毫的根本差别"。共产国际批评立三中央对革命形势发展的错误估计，指出中国"新革命高涨是在个别区域里成熟起来"，而且"大部分是 1925 年到 1927 年革命中奠定了基础的那些区域里成熟起来，后来才渐渐地扩展到其他区域"。历史证明，国际对立三中央的这一批评是正确的。

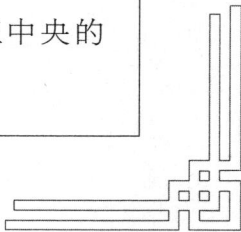

　　第二，对城市暴动主观力量的估计上，共产国际批评立三中央夸大革命主观力量，低估敌人力量的错误阶级估量。1930 年 8 月 5 日，中央政治局认为"广泛工人群众都要求武装，要求暴动"，广大农民"都坚决的要求夺取中心城市"，"军阀军队极端动摇，到处哗变找寻党的领导与农民联合，特别是党在军阀军队中的政治影响与组织力量飞速扩大"，整个革命形势"已经到了历史上大转变的前夜，到了中国革命之最紧张的关头"。李立三认为在这种情况下，"假使武汉的罢工在今天实现了……武装暴动也一定便在明天实现"。他还主观地判断，"在革命高潮到来的形势下，群众组织可以飞速的从极小的组织发展到几十万人甚至几百万人的伟大组织，同样，党的组织也可以在几星期甚至几日内变成广泛的群众的党"。而革命"将在一瞬间，爆发出伟大的斗争"。立三中央就是在这种错误的阶级估量的基础上，制订"左"倾冒险主义计划的。

　　共产国际十月指示信，尖锐地批评了立三

中央的这种错误估计，指出这是一种"神奇古怪的过分估量"，认为红军"还没有力量去占领最大的城市"，工人运动"的确是在高涨着"，但是，"一般说来，工人运动底高涨，甚至于在有决定意义的工业中心城市……都要比农民运动落后些"；至于农民运动的发展也是不平衡的。在这种情况下，如果马上举行武装起义，"一定会使中国无产阶级底精华受到帝国主义底直接打击"，一定会使"工人阶级受到很大的摧残"。国际批评李立三"不是从分析客观情况出发"，"不是从分析斗争力量底对比出发"，这种主观主义的阶级估计，其结果就"不能不发展成为盲目主义的冒险主义的策略"。

第三，在城市暴动的组织领导问题上，共产国际批评立三中央领导武装暴动而组成"总行委"的错误决定，指出"取消党、团和工会底单独组织"，"只剩了一个万能的中央总行委"，这样就会使党"脱离群众"，而处于软弱无力的地位。

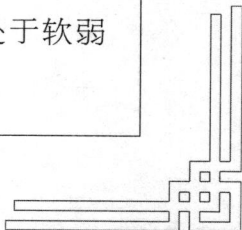

MA LIE ZHU YI CHANG SHI GONG MIN DU BEN

在城市暴动这个根本问题上，共产国际认为，城市暴动的条件、时机还不成熟，批评李立三空喊暴动而不做暴动的充分准备和工人的组织工作，不做发展红军的组织工作，这是一种在"左"的词句掩盖下的右倾机会主义的消极。可见，共产国际并不反对立三中央主张的城市暴动，只是认为城市暴动的时机还不成熟；并不反对立三中央提出的全国总暴动计划，只是认为举行全国总暴动的条件还不充分。因此，共产国际与李立三的错误之间并不是路线上的根本对立，只是策略上的分歧，是工作部署上的争论。

（三）共产国际与王明"左"倾教条主义

在共产国际扶植下，通过党的六届四中全会，王明"左"倾宗派集团取得了在中央的领导地位。

第一，远东局收到十月指示信后，先于中央交给王明。王明急忙按此修改他写的《两条路线》（即《为中共更加布尔塞维克化而斗争》）的小册子，喊出"反对立三路线"，"反对调和路线"，"拥护国际路线"的口号，并要求把他与李立三的争论经过在党内公开出来。一方面为标榜自己是坚决"反对立三路线"的英雄；另一方面，也显示他们是坚决"为国际路线而斗争"的"百分之百的布尔塞维克"。

第二，国际东方部经过几天讨论后立即向国际主席团写了《关于中国共产党三中全会与李立三同志的错误的报告》，批判了李立三的错误，指责立三中央不服从共产国际的指示，并给立三中央戴上"敌视布尔塞维克主义"、"反共产国际"的帽子，判定三中全会犯有七大罪状："一、三中全会没有揭发立三路线的实质；二、三中全会模糊了这个路线和国际路线的原则上的不同；三、三中全会没有研究中国革命过去阶段的真正教训；四、三中全会没有提出并解决革命现在阶段的现实任务；五、

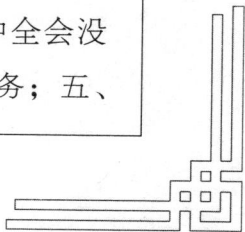

三中全会对于全党同志没有解释领导机关所作的错误，反而模糊了这些错误的实质；六、三中全会没有责备在一部分中央政治局和国际不同意的时期，所表现的那些反共产国际的言论；七、三中全会上表现了领导机关之中有不健全的小团体的两面三刀的空气。"

第三，1930 年 12 月，国际执委主席团讨论关于"立三路线"问题，会议完全同意共产国际东方部《关于中国共产党三中全会与李立三同志的错误的报告》，对李立三的错误再次进行了批判。但从整个的会议发言来看，却有几个值得深思的问题：一是名曰讨论立三路线问题，实际上主要矛头却对着主持三中全会的瞿秋白。二是国际执委会主席团在指责诬陷瞿秋白的同时，却又大力称赞王明教条主义宗派集团，说王明等是一些"知道列宁主义布尔塞维克的理论和实际"的，是"为国际路线而斗争"的"很好的同志"。三是共产国际主席团经过对王明和瞿秋白的一褒一贬之后，对中国共产党的领导问题提出三条解决方法：一是李立三要留在国际继续揭发瞿秋白所谓"小团体情形";二是"不能限于批评,必须召集中国共产党中央的全体会议";三是李立三留在国际"进一进布尔塞维克的学校,要他了解自己错误的实质"。

第四,12 月 16 日中央政治局通过了《关于取消陈韶玉、秦邦宪、王稼祥、何子述四同志处分问题的决议》。该《决议》承认"过去对韶玉等四同志的斗争与处分是错误的",肯定了王明等人的观点"是合乎国际路线的",并且宣布"中央政治局现在站在拥护与执行国际路线与反对立三路线之不调和的立场上","除正式取消对他们的处分外,并将此错误揭发出来,以加重韶玉等四同志对立三路线之不调和的斗争的责任"。并于同月 25 日,中央任命陈韶玉为中共江苏省委书记,为他们进入中央在政治上和组织上创造了条件。

1931 年 1 月 7 日,党的六届四中全会在共产国际直接操纵下于上海秘密举行。这是王明在共产国际代表的支持下取得党中央领导地

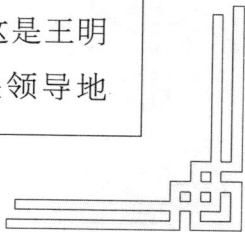

位，全面推行国际路线的起点。出席四中全会的有中央委员、候补委员 22 人，各地来的部分负责人及工作人员 15 人，总计 37 人。会议议程一共有七项，会议讨论和通过了六届四中全会的决议案。报告阐述了共产国际对中国革命的指导路线；批评了立三路线的"理论系统"及其对革命造成的危害；指责三中全会"没有真正转变"到国际路线上来；强调指出"目前时局更加重了我们执行国际路线的责任"。同时还在批判立三错误时，检讨了自己应负的责任。

全会争论比较集中的是在四个问题上：

第一，关于会议的性质。当主席宣布开会时，罗章龙等人反对召开四中全会，要求改期召开紧急会议。他们的理由是三中全会犯了"调和主义"，至今还没有回到"国际路线"上来，不能领导全党进行战斗。国际代表和会议主持者则认为召开四中全会是经国际批准的，它是可以解决"立三路线"及调和主义问题的。本来在四中全会前，王明与罗章龙等曾一致呼吁召开紧急会议，以取代三中全会的中央，在这种情况下，1930 年 12 月 9 日政治局便通过了《关于召集中央紧急会议的决议》，但在 14 日政治局会议上国际代表米夫提出召集四中全会后，王明立即改变主张，而罗章龙等另一些人仍坚持原来意见，于是在会议性质问题上争论不休。为什么在会议性质问题上引起如此大的争论？因为不同性质的会议，关系到出席会议代表资格及表决权问题，而这个问题的实质是关系到中央领导权掌握在哪些人手里的问题。如果召开紧急会议，那就意味着对三中全会后的中央的完全否定，参加会议的代表主要应当是那些坚决"反对立三路线"，"反对'调和主义'"的"积极分子"，这样：罗章龙一派就有更多机会进入中央。如召开四中全会，则可以原中委为基础进行补选或改造，由于三中全会犯了"调和主义"错误，但已经做了检查并一再表示拥护国际路线，这样，共产国际认为原中委和政治局的多数是可以继续留任的；同时召开全会又能增补王明等进入中

央。这样就可以保证四中全会后的中央成为忠实于国际、推行国际路线的班子。

第二，关于如何评价三中全会以后的党中央，特别是《九十六号通告》问题。所有参加会议的人，都异口同声地批评"立三路线"，批评三中全会的"调和主义"，都表示"拥护国际路线"，分歧是怎样评价三中全会以后的中央。何孟雄及罗章龙等认为三中全会后的中央及其发布的《九十六号通告》仍然继续立三路线，只是口头上承认错误，没有回到国际路线上来；其他许多人包括王明等人则认为《九十六号通告》虽然还有一些错误，但总的说来"通告是将调和路线放弃了，回到国际路线上来"。两种不同的评价关系到三中全会的中央委员是一律撤掉还是大部分继续不动，分歧的实质，仍然是未来中央领导班子的人选问题。

第三，关于会议议程。罗章龙等人认为会议原定议程太少，应当把当前的实际工作也列入议程。国际代表一再申述，会议根据国际批准的为安全计只限 17 个小时，不能增加议程。

由于国际召开四中全会的目的和任务是为扶植王明等在党中央取得领导地位，因而这次会议除了解决领导机构人事问题外，只通过了一个简单的政治决议案。当然，在当时的气氛下即使通过一些实际工作方面的决议，也只能是按照王明《两条路线》小册子的"左"倾基调，不会解决其他任何问题的。

第四，关于中央委员和政治局的人选问题。通过"表决"，多数人赞成以国际名单为候选人。通过四中全会，王明等取得了中央领导地位，从而实现了共产国际扶植他们上台的意图。四中全会是以国际十月指示信为指导思想，以王明的《两条路线》小册子为纲领，会议的基调是批评立三路线是在"左"的词句下掩盖着的"右倾机会主义的消极"。这样，以王明为代表的"左"倾冒险主义从此便开始了对党中央的统治。

作为王明"左"倾错误的理论纲领的《两条路线》小册子，完全是照抄照搬共产国际的，是根据共产国际六大通过的《关于殖民地

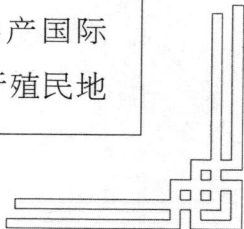

半殖民地国家提纲的决议》和共产国际执委秘书处 1930 年 6 月《关于中国问题的决议案》等"当时发表的国际几种材料写的"。国际十月来信之后，王明又在小册子的后面加写了一段"维它同志等对于国际最近来信的态度"和一个"引言"一个"结论"。因此，小册子在一些主要问题上正如王明自己讲的，"与国际路线没有原则上的任何不同"。值得注意的，王明在为小册子加写的内容中，再一次说明"立三路线"是以"'左'倾词句掩盖的右倾机会主义的路线"，是与"共产国际的路线不能并存的"两条根本对立的路线；进一步强调了要坚决反对"对这一路线采取调和的态度"；并且指责"现有中央政治局领导同志维它等没有保障执行国际路线的可能"，要以"积极拥护和执行国际路线的斗争干部"，"来改造和充实各级的领导机关"。这就充分表明，王明《两条路线》的小册子，不仅在基本理论和政治路线上完全是照搬共产国际的，而且也是为了配合共产国际否定党的三中全会、批判瞿秋白，为他们上台扫清道路的意图服务的，是全面推行国际路线的纲领。

在王明主持下，9 月 20 日中央政治局通过的《关于工农红军冲破第三次"围剿"及革命危机逐渐成熟而产生的党的紧急任务》是四中全会后按照《两条路线》小册子的基调，大反其所谓"右倾机会主义"的第一个纲领性文件。这个文件，继续坚持城市武装暴动的道路，错误地认为"目前中国政治形势的中心的中心，是反革命与革命的决死斗争"，要求全党"更坚决的更彻底的执行国际和中央的一切指示"，"更深刻的发展内部的阶级斗争，"要"开始城市战堡垒战的演习"，"扩大苏区至中心城市"，以"取得一两个中心的或次要的城市"。从此，以王明小册子为纲领的"左"倾错误逐步发展成为比立三错误更加完备更加系统的"左"倾冒险主义。

十月以后，由博古负责的临时中央，对王明"左"倾冒险主义有了更具体的发展。1931年 12 月 11 日发出的《中央委员会为目前时局

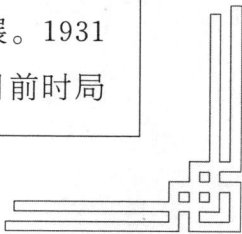

告同志书》将 9 月 20 日决议指出的"几个主要省份"（湘、鄂、赣、皖）首先胜利是个斗争"前途"的鼓动口号，改为"提在议事日程上"的斗争任务了。因此临时中央要求一切工作布置都要以此为"中心"，要将"民众自动武装起来"，"立刻转变为争取武装与夺取武装斗争"。在新的形势下，《中央委员会为目前时局告同志书》重新开始了奉行国际的"进攻路线"。

王明"左"倾冒险主义对中国革命的最大危害，在政治上就是实行"下层统一战线"政策，犯了关门主义的错误，使白区革命力量遭受严重损失；在军事上就是第五次反"围剿"斗争的失败。而这两个方面，与共产国际的"左"的政策和错误的军事指导有着密切的联系。

共产国际自"六大"以后就开始了打击中间势力、推行"下层统一战线"的策略。"九一八"事变后，共产国际把日本帝国主义对中国的侵略看作"是进攻苏联战争底序幕"，从而向各国党提出"保卫所有劳动人民的祖国——苏联"的任务，同时进一步强调了"采用下层统一战线策略"和"反对一切帝国主义"的口号。

临时中央完全奉行共产国际以苏共为中心、中国革命要服从它的需要的政策，脱离实际地提出"武装保卫苏联"的口号，这就使党脱离了群众，不能很好地领导当时正在兴起的抗日救国运动。

1932 年 1 月 1 日，临时中央发表了《中国共产党对于时局的宣言》，2 月 26 日又作了《中央关于"一·二八"事变的决议》，更明显地反映出临时中央的主观主义、"左"倾关门主义和冒险主义。临时中央不顾上海"一·二八"事变发生时十九路军和上海人民的抗日行动同蒋介石对日妥协政策之间存在的矛盾，忠实推行共产国际"下层统一战线"政策，把中间势力看成"是最危险的敌人"，要以"主要的力量来打击"它，甚至提出所谓"要兵不要官"的口号，把十九路军的所有"长官"不加

区别地都当作敌人。更为严重的是，临时中央竟然盲目地决定要在上海举行十月革命式的暴动，并且摆出一副决战的架势，要对付全世界的帝国主义和整个中国地主资产阶级政府。

1933 年 11 月发生的福建事变，反映了在中华民族严重危机形势下，国民党营垒的分化，反映了中间势力开始转向革命。"左"倾中央虽然与它签订了抗日反蒋协定，但由于仍然推行共产国际把中间势力看作最危险的敌人的"左"倾政策，错误地把福建事变看成是"国民党领袖和政客们""利用新的方法来欺骗民众的把戏"，声言"希望或期待任何上层统治者的'革命'来代替民众自己的革命斗争，结果必然是不能补救的极大的失望！"因此，在实际行动上没有给福建人民政府以应有的援助，以致它在蒋介石的猛烈围攻下终于失败，造成了对革命不利的形势，也使红军失掉了一次打破蒋介石第五次"围剿"的极好机会。

王明"左"倾冒险主义的最大恶果，就是第五次反"围剿"战争的失败，红军被迫放弃

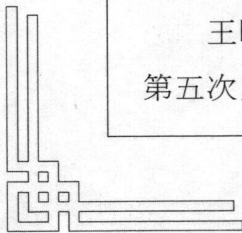

革命根据地，实行战略转移。第五次反"围剿"战争虽然敌我力量对比的形势是严重的，但与前四次反"围剿"战争的形势相比，并不能说这次反"围剿"注定就要失败的。经过一年苦战的第五次反"围剿"战争所以遭受失败，究其原因，主要由于共产国际派来中国的军事顾问李德（即华夫）的错误指挥的结果。李德自 1933 年 10 月来到中央苏区后，在博古的重用下，权力越来越大，以致后来"军委的一切工作为华夫同志一人包办"。

李德在军事上完全采取了一条错误的军事路线。在第五次反"围剿"战争中，先是实行进攻中的冒险主义，继而又犯了防御中的保守主义错误，当中央红军不得不离开根据地实行战略转移时，又犯了退却中的逃跑主义错误。他们根本不懂得中国革命战争的规律，无视中央苏区第一、二、三、四次反"围剿"胜利的经验，"否认诱敌进来给以消灭的战法"，"却以单纯防御路线（或专守防御）代替了决战防御，以阵地战堡垒战代替了运动战，并以所谓

'短促突击'的战术原则来支持这种单纯防御的战略路线"。这样，就不能在敌强我弱的形势下，"集中优势兵力，选择敌人的弱点，在运动中，有把握的去消灭敌人的一部或大部，以各个击破敌人，彻底粉碎敌人的'围剿'"，反而"使敌人持久战与堡垒主义的战略战术，达到了他的目的"。

遵义会议批判了李德的错误军事路线，结束了"左"倾错误在中央的统治，确立了以毛泽东为代表的新的中央的正确领导，独立自主地制定了党的路线方针和政策，成为中国革命走向胜利的伟大转折。

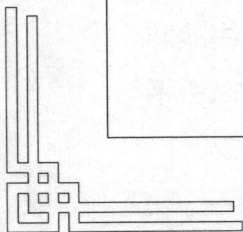

六、共产国际与两次国共合作

（一）共产国际对两次国共合作建立的倡导和推动

中国共产党成立之初对其他党派采取的是"独立的攻击的政策"，"只维护无产阶级的利益，不同其他党派建立任何关系"。经中共二大确定"联合全国革新党派，组织民主的联合

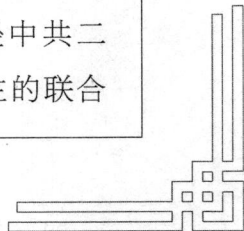

战线"后，决定与国民党实行合作，最后确定了共产党员以个人身份加入国民党的党内合作形式。这一转变是在共产国际的精心指导和耐心帮助下实现的。

首先，列宁关于民族和殖民地问题的理论是共产国际支持中国革命、积极倡导国共合作的理论基础，也是中共制定有关国共合作策略的理论依据。这一理论提出了"全世界无产者和被压迫民族联合起来"、"被压迫民族的无产阶级和本国反对帝国主义的资产阶级联合起来"的口号。其中关于压迫民族和被压迫民族的划分、关于被压迫民族的资产阶级特别是民族资产阶级两面性的分析、关于殖民地革命的对象、前途、任务，以及无产阶级领导权思想的阐述，极大地提高了中共对中国革命基本问题的认识。

其次，共产国际根据中国革命实际和国共两党状况，发出一系列文件，提议国共合作，并坚持党内合作形式。1922年8月，共产国际执委会发出给共产国际驻中国代表的指示信，

1923 年又连续发出三个文件：共产国际执委会《关于中国共产党与国民党的关系问题的决议》、《给中国共产党第三次代表大会的指示》、《共产国际执委会主席团关于中国民族解放运动和国民党问题的决议》。在这些文件的直接指导下，1923 年 6 月中共三大有关革命统一战线方针、政策的制定，标志着在共产国际帮助下中共关于国共合作的统一战线政策正式形成。

1923 年 11 月 28 日，共产国际执委会主席团《关于中国民族解放运动和国民党问题的决议》详细阐明了共产国际对三民主义的新解释，首次将旧三民主义发展为较完备的新三民主义，成为国民党一大宣言的基本原则。新三民主义成为国共两党合作的共同纲领。

此外，共产国际一面劝说中共与国民党实行党内合作，一面帮助孙中山国民党实现转变。受孙中山委托，国际代表参与了国民党改组和一大的领导工作，并为一大起草宣言、章程。1924 年 1 月国民党第一次全国代表大会通

过的宣言和章程是国共合作的政治基础。

国民党一大的召开，标志着国共合作统一战线的正式建立，共产国际、苏联从政治、军事诸方面全力支援国民党和广东革命政权，促进了国共合作和国民革命的发展。

第二次国共合作的建立同样得益于共产国际的倡导、推动。在法西斯进攻和世界人民反法西斯斗争的新形势下，共产国际逐渐改变了"左"倾关门主义策略，提出实行反法西斯统一战线政策。这一转变直接影响和促进了中共抗日民族统一战线政策的形成和发展。1936年7月，共产国际又改变了"国内战争与民族战争同时并举"的口号，致电中共，指示应以广泛的抗日民族统一战线的倡导者、发起者和组织者的身份出现。中共据此并结合实际情况，发出《中国共产党致中国国民党书》、《中共中央关于逼蒋抗日问题的指示》、《中共中央关于抗日救亡运动的新形势与民主共和国的决议》等一系列重要文件，放弃反蒋口号，开始谋求与国民党合作抗日。这些文件指示促使中共的抗日民族统一战线政策发展到更加完善的阶段。

作为中共与共产国际之间联系、沟通的桥梁、纽带，中共驻共产国际代表团对中共抗日民族统一战线政策的确立也起了重要的影响作用。由于中共中央与共产国际之间电信联系的中断，中共代表团先于正在领导红军长征的中共中央，开始策略转变。从 1933 年到 1934 年，代表团为中央起草了《为反对日本帝国主义侵入愿在三个条件下与全国各军队共同抗日宣言》、《中央给满洲各级党部及全体党员的信》、《中国人民对日作战的基本纲领》等文件，提出"停止内战，一致抗日"的政治主张，为中央提出抗日民族统一战线政策，否定统下不统上的"左"倾政策提出了可贵意见。1935 年夏，代表团又起草了《为抗日救国告全体同胞书》（《八一宣言》），提出了抗日民族统一战线政策的基本内容，标志着在共产国际策略转变的影响下，中共的统战政策开始了一个新的转变，为中央进一步完善自己的统战政策和抗日民族统一战线的最后形成指明了方向。

综上所述，共产国际对于两次国共合作既有指导思想的理论阐述，又有具体的文件指示，并派驻代表或通过共产国际代表的帮助贯彻，这是两次国共合作的共同特点，是共产国际的主要历史功绩。

（二）共产国际在指导
两次国共合作中的右倾错误

共产国际指导中共进行国共合作的最大失误是对国民党及国共关系问题的认识上的右倾错误。早在第一次国共合作建立之前，共产国际就对中国工人运动的现状及工人阶级的力量估计过低，认为"国内独立的工人运动尚不强大"，工人阶级"尚未完全形成为独立的社会力量"。这是日后统一战线中共产国际右倾错误的思想认识根源。国共合作建立后，重视国民党、轻视共产党的倾向一直影响着共产国际的指导方针。共产国际适时地提出军事、武装问题，却把希望寄托在国民党身上，而取消中共独立的军事工作，完全失掉了无产阶级的独立性。由于对国民党采取全盘肯定的态度，共产国际对国民党右翼的反共活动缺乏警惕，只讲团结，不讲斗争，并且压制中共内部与之斗争的力量，主张在统一战线问题上"向资产阶级和国民党右派让步，以挽救南方的革命"。面对蒋介石的反共分裂阴谋，一次次地退让，指示"中国共产党必须十分审慎行事，采取灵活态度，善于利用各种条件，而决不能突出自己作为助手和领导者的地位"。共产国际及其代表、顾问的右倾指导直接影响了中共领导人陈独秀的妥协退让态度。最后，国共合作破裂、大革命失败。

在抗战时期的第二次国共合作中，共产国际仍然过低地估计中共和广大人民群众的力量，把抗战胜利的希望寄托在国民党蒋介石集团，指示中共在统一战线中不要提谁领导谁的问题，主张"一切经过统一战线"、"一切服从

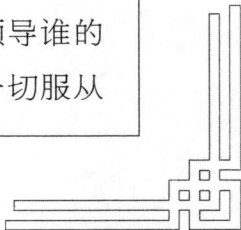

统一战线"，这成为王明右倾投降主义的主要来源。由于以毛泽东为领导的渐趋成熟的中共中央抵制了这一错误，坚持统一战线中的独立自主原则，才避免重蹈第一次国共合作时大革命失败之覆辙。在苏联依然将大量军需援助给蒋介石的情况下，中共汲取第一次国共合作时不重视武装的教训，决不把红军和根据地交给国民党，积极发展壮大人民武装力量，开展独立自主的游击战争，坚持正确的策略总方针和斗争原则，有效地克服了国民党的反共摩擦，打退了国民党掀起的反共高潮，坚持了统一战线，最终取得抗战的胜利。

两次国共合作，共产国际对中共的指导都有右倾错误，给中国革命造成程度不同的损失。共产国际的这一错误主要源于对中国资产阶级和国民党缺乏深刻的、全面的了解，对工人阶级及其政党中国共产党缺乏正确的估计。因而"中国革命斗争的胜利要靠中国同志了解中国情况"，用"马克思主义之矢"来射"中国革命之的"便成为中国革命的胜利之本。

（三）共产国际在两次国共合作中
指导思想和领导方式上的差异

两次国共合作的建立，都离不开共产国际的倡导、推动共产国际在对两次国共合作的指导中都犯有右倾错误，这是共产国际在两次国共合作中作用的共同方面。共产国际的指导，在指导思想和领导方式上存在一定的差异。

作为一个无产阶级的国际组织，共产国际把发动和领导世界革命视为己任，把帮助和指导各国无产阶级政党的革命斗争作为自己的主要工作，是值得肯定的。苏共是共产国际中最大、最有影响的党，由于十月革命胜利、建立了世界上第一个社会主义国家，苏共在各国党中享有很高的威望，在共产国际中占有特殊的地位，因此苏共在外交上的民族利己主义思想势必影响共产国际对中国革命的政策与指导。

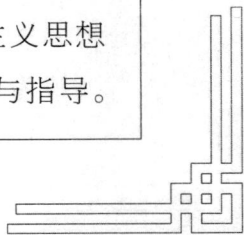

共产国际对两次国共合作的指导，其出发点从世界革命大局、中国革命利益、苏联外交政策三方面考虑，但这三方面因素在两次国共合作中的比重有所不同：共产国际推动第一次国共合作，主要是其发动世界革命的历史使命所驱，同时也是帮助中国革命的需要，苏俄的自身利益处于第三位考虑因素。由于列宁领导时的共产国际是以无产阶级的国际主义为指导原则，这时期的苏俄外交基本上服务于共产国际的政策策略需要，并无民族利己主义倾向。列宁在谈到俄国革命的对外政策时说："同先进国家的革命者和被压迫国家的人民结成联盟，反对所有的帝国主义者——这就是无产阶级的对外政策。"第二次国共合作时期，世界革命正面临法西斯的进攻，地跨欧亚两洲的苏联受到了两个战争策源地的威胁。为减轻苏联的战争压力，共产国际极力倡导国共两党合作、组成抗日民族统一战线以拖住日本，因而共产国际倡导的第二次国共合作主要是以苏联的对外政策为考虑依据，其次是世界革命大局，再次是中国革命利益。在这一秩序下，为了苏联的自身利益，共产国际有时甚至不惜以牺牲中国革命的利益为代价，具有明显的助长苏共民族利己主义倾向，其政策制定基本上服务于苏联的内外政策。共产国际的重蒋轻共，即源于对苏联自身利益的考虑。苏联对华政策的重点是援助蒋介石，而援蒋的目的是使其长期拖住日本。在斯大林看来，苏联"驻华全体人员的任务就是要紧紧束缚日本侵略者的手脚"。只有这样，才能在德国进攻的时候"避免两线作战"。而中共和中国工人阶级"还显得太孱弱"，故"要使蒋介石树立战胜日本侵略者的信心"。这是共产国际帮助国共合作、建立统一战线的主要意图。为了达到使苏联避免东西两线作战的战略目的，苏联政府竟与正在发动侵华战争的日本帝国主义签订了《苏日中立条约》，败坏了社会主义苏联在中国人民心目中的形象，伤害了中国人民的感情。苏德战争爆发后，围绕中共出兵保卫苏联问题引发的争论更清楚地反映了共产国际以苏联利益为中心、

不惜牺牲他国利益的民族利己主义倾向。对此，以毛泽东为领导的中共中央一方面表示支持苏联，准备援助苏联；另一方面又顾及当时的具体情况，作长远打算，立足于中国革命实际，量力而行，不能为了保卫苏联而断送中国共产党的事业，指出：中共援助苏联的具体办法就是坚持抗日民族统一战线，坚持国共合作，驱逐法西斯日本强盗出中国。中共以中国抗战的胜利支援了世界反法西斯战争，避免了共产国际、苏联民族利己主义给中国革命带来更大的损失。

共产国际指导中国革命的方式有个由高度集中、干预内政到逐步松动的转变过程。第一次国共合作期间，共产国际除了通过会议、文件指示外，还派遣大批代表、顾问来华坐镇指挥；中共六大以后改为由中共派代表团驻共产国际，共产国际经由代表团指导中共；共产国际七大以后进而决定不干涉各国党的内部事务。

共产国际代表既是国际理论、指示的传播

者、贯彻者，也是对中共的监督执行者。他们拥有"最广泛的权力"，也有程度不同的专制作风。国共合作的建立、大革命的开展凝结着国际代表们的智慧和心血，国共合作破裂、大革命失败也同国际代表有关。共产国际在七大后，虽然在实际工作中，对中共仍有干预，但专制独断作风有所收敛，这就为中共把马列主义基本原理与中国革命具体实际相结合，独立自主地制定适合中国国情的抗日民族统一战线政策提供了有利条件。

（四）两次国共合作期间
中共与共产国际关系的变化

在两次国共合作的历史时期中，中共与共产国际之间的关系也经过了一个变化发展的过程。

自从 1922 年 7 月中共二大通过加入共产

国际的决议，成为共产国际的一个支部后，共产国际与中共之间的领导与被领导、支配与服从的关系正式开始。但早期的中共领导人对这种关系很不适应，不愿受制于共产国际，不习惯共产国际有凌驾于中共的权力。这反映了共产国际的集中领导体制与早期中共要求独立自主之间的矛盾。共产国际倡导的国共合作更引起了它与中共的一场激烈争论。但国共合作有利于中国革命的发展，党内合作在当时情况下也不失为一计良策，因而经过共产国际的说服、帮助，中共的认识有了提高，接受了共产国际的建议。在随后的革命实践中，由于共产国际的许多建议被证明为正确，由于幼年时期的中共还不善于将马克思主义与中国实际相结合，由于共产国际高度集中统一的组织纪律，其决议和指示中共必须执行。这样，出于对共产国际的信任尊重，出于对国际纪律的服从，出于对苏俄革命胜利的向往，中共一般地接受了共产国际的指示、决议，以至后来将其教条化、神圣化。当中共与共产国际产生意见分歧时，往往放弃自己的主张，接受共产国际的意见。一切向共产国际求教，对共产国际言听计从，是第一次国共合作时期中共与共产国际关系的主要特点。

第二次国共合作时期的中共与共产国际之间的关系由言听计从发展到独立自主。这一方面是由于共产国际七大做出了不再干涉各国内部事务的决定，专制独断作风较前有所改观；另一方面，经过十多年革命胜败磨炼的风风雨雨，中国共产党已经形成了以毛泽东为领导、日益成熟的领导集体，已经自觉地把马克思主义与中国革命具体实际相结合，已经能够妥善处理与共产国际之间的关系：对共产国际的指示，既不是一切照搬，也不是全盘否定，而采取实事求是、区别对待的态度，根据实际情况，采取正确的措施，独立自主地制定自己的政策，既坚持了中国革命的利益原则，又维护了与共产国际的团结。从第一次国共合作时对共产国际的言听计从到第二次国共合作时的独立自主，体现了中共的成长成熟。

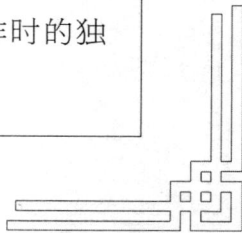

共产国际指导两次国共合作的历史说明，中国革命曾经得到了共产国际的大力支持和帮助，这是中国革命取得胜利的原因之一。但任何党或国际组织都不能包揽他国事务，中国革命的胜利，依靠的是中国共产党将马克思主义与中国革命具体实际相结合，依靠的是独立自主、自力更生，把一切工作放在自己力量的基点上。"中国的事情要按照中国的情况来办。独立自主，自力更生，无论过去、现在和将来，都是我们的立足点"，这是历史的结论。

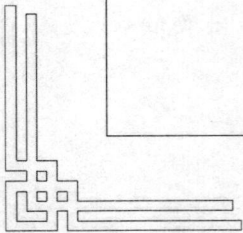